ナレッジワーカーの知識交換ネットワーク

早稲田大学

村上由紀子

飛翔舎

はじめに

　サラリーマンはよく勉強している。ビジネスに活用できるノウハウを求めてビジネス書を読んだり、資格の取得や検定試験の合格を目指して通信講座を受講したりと、勤務時間外に仕事のために学習している。大学を卒業してから定年まで 40 年以上の時代に、「勉強は学生時代で終わり」とはいかないであろう。

　高度な知識や技術に基盤をおく経済社会において、仕事をする上で求められる知識や技術は高度で、かつハイスピードで変化する。それに対応するために学習は欠かせない。日本企業は、かつては、OJT や Off-JT などで社員教育や能力開発に力を入れていると評判であったが、近年は、育成する余裕がなくなったり、転職の活発化により自社で育成するよりも即戦力を採用する方針をとったりする企業が増え、企業に頼れない人は多い。

　特に、専門的職業に就いている人たちは、仕事を遂行するために自分で学ばなければならないことは多いであろう。その際に、人に聞く、教えてもらうというのは重要な手段ではないだろうか。

　本を読んで勉強する場合でも、わからないところは誰かに聞いたり、仕事で問題に直面した時には、経験者に相談したりしているのではないだろうか。教えてくれる人は同じ職場の人に限らない。また、いつも教えてもらうばかりではなく、時にはお返しに教えてあげることもある。このようなソーシャルネットワークを通じた知識交換は重要な学習の手段だと思われるが、それが知識獲得のためにどの程度使われているのか、どのような範囲で広がっているのかなど、ほとんど知られていない。

　本書は知識交換ネットワークに焦点を当てている。中でも研究者（科学者）

と医師を対象にしているのは、彼らがとりわけ高度な知識を必要とし、複雑なネットワークの構造をもっていると予想されたからである。彼らがソーシャルネットワークを通じて知識を獲得していく様子を分析することは、知識が社会に、時には国境を越えて、いかに普及していくかに光を当てることでもある。本書では、知識交換ネットワークの形成・利用に影響を与える個人要因、組織・制度要因、政策要因を導いたが、それらの要因は研究者と医師に限らず、ナレッジワーカーの知識交換に多かれ少なかれ影響を与える要因であろう。本書が知識経済の時代におけるナレッジワーカーの学習と育成に、また、知識の普及の解明に、少しでも貢献できれば幸いである。

　本書のもとになった研究は、平成 28 年度から 31 年度まで日本学術振興会の科学研究費助成事業により資金提供を受けた（研究課題名：専門職の情報・知識の交換・普及に関する研究, 研究課題番号：16K03714）。また、医師の仕事については、私の乏しい知識を補うために、ヒアリング調査で多くの医師から貴重な教えをいただいた。アンケート調査では 1000 人以上の研究者と 400 人以上の医師がご協力くださり、また、学会での討論者や学術誌のレフェリーからは多くの有益なコメントをいただいた。これらの一人一人に心から御礼を申し上げたい。

　本書のテーマについては、研究資金の申請から、データの収集・分析を経て、集大成として本書をまとめるに至るまで、すべて一人で行ったため思いのほか時間を要した。また、今後の課題も多く残されている。それだけ一層、本書が知識経済の時代におけるナレッジワーカーの学習や知識の普及に関して、今後の研究の足掛かりになれば幸いである。

2023年　秋

村上由紀子

目次

第1章　ナレッジワーカーの知識交換

1.1.　ナレッジワーカー

　ナレッジワーカー（知識労働者）という用語は半世紀ほど前に生まれた。フリッツ・マッハルプは 1962 年の著作で、経済活動の中の知識の生産に着目し、知識の生産に従事する労働 (knowledge-producing labor) の増加に目を向けた (Machlup 1962)。彼の考える知識生産活動は幅広く、知識を分析したり創造したりする人ばかりではなく、知識の運搬者（伝言文を運ぶメッセンジャーなど）、変形者（情報の形は変えるが内容は変えない速記者など）、処理者（定型的方法で情報を処理する会計士など）、解釈者（想像力を使って情報を解釈する翻訳者など）も知識の生産に従事する労働者と定義した。彼はナレッジワーカーという言葉は用いなかったものの、アメリカ経済において、教育、研究開発、コミュニケーションメディア、情報機器、情報サービスなどの知識産業が成長したのに対応して、経済において知識を生産する職業 (knowledge-producing occupations) のウエイトが高まってきたことを強調した。すなわち、アメリカにおいて知識を生産する労働者の割合は、1900 年から 1959 年の間に 3 倍になり、しかもその中心が、事務従事者から経営者や管理者に、さらには専門的職業従事者や技術者へと変わってきたことに着目した (Machlup 1962)。

　マッハルプに続いて知識産業の発展に目を向け、財中心の経済から知識経済

への変容をクローズアップさせたピーター・ドラッカーは、1969 年の著作で、ナレッジワーカーという用語を用いて、肉体労働者や半熟練工に代わるアメリカ労働力の中心的存在を論じた (Drucker 1969)。彼はナレッジワーカーを、手工的熟練や肉体を駆使して働くのではなく、生産に関する創意、知識、情報をもって働く労働者と特徴づけた。センサスの分類でいうならば、専門職、管理職、技術職に従事する人々がこれに相当するという。

　21 世紀に入り、知識経済はより一層発展し、今日では知識や専門能力を必要としないルーティン業務に従事する人々は少なくなっている。多くの人は仕事で知識を使い、一定の教育も専門能力もあるが、ダベンポートは、ナレッジワーカーと呼ぶには知識は業務の中で主要な役割を果たすものでなければならず、また、教育も専門能力も高いレベルのものでなければならないと述べている (Davenport　2005, p.12)。そこで彼は、「ナレッジワーカーは高度の専門知識、教育または経験を備えており、主要な仕事の目的に、知識の創造、流布 (distribution) または応用を含む。」と定義した (p.10)。彼はさらにナレッジワーカーをその役割りによって、「既存の知識を発見する人（司書など）」、「知識を創造する人（研究者、作家など）」、「知識をパッケージする人（記者や編集者など）」、「知識を広める人（ナレッジマネジャーなど）」、「知識を応用する人（会計士、医療従事者など）」に分類した。

　ナレッジワーカーが仕事に必要な高度の専門知識を備えるには、知識を獲得しなければならない。あらゆるナレッジワーカーにとって、専門知識を維持し高めることが大きな課題になっている (Davenport　2005, p.143)。ダベンポートは必要に応じて外部から知識を吸収する方法として、データベース、インターネット、出版物、教育講座などの利用に加え、見落とされがちではあるがソーシャルネットワークの利用が重要だと指摘している。見落とされがちであるからこそ、ソーシャルネットワークが知識獲得のためにどのよう

に利用されているのか、それはどのような範囲で広がり、どのようにして形成されるのかなど、明らかにされていないことは多い。そこで本書では、知識獲得のチャネルとしてのネットワークに着目する。ソーシャルネットワークは社会の中の個人と個人，個人と集団，集団と集団などのつながりを示す言葉であるが、本書はその中でもパーソナルネットワーク（ノッドが個人であり、個人と個人をつなぐネットワーク）に焦点を当て、ナレッジワーカーが、知識獲得のためにパーソナルネットワークをいかに利用しているのか、そのネットワークはどの範囲でどのように形成されているのか、そのネットワークはどのような特徴をもっているのかについて考察する。

1. 2.　プロフェッショナル

　ナレッジワーカーの範囲は広い。そこで、範囲を絞って議論をするにあたり、プロフェッショナルをとりあげる。プロフェッショナルは知識労働者の中で特定の性質を備えた職業人である。その特性について、Abadi et al. (2020)は以下の6つ挙げている。
① 　理論的な知識に基づいたスキル
② 　教育訓練
③ 　テストを通じて証明された能力
④ 　行動に関する規約や慣例を遵守
⑤ 　利他主義的なサービス
⑥ 　公式の組織
　Greenwood (1957) の説明も交えて解説すると、理論的知識とは、抽象的な命題のシステムであり、プロフェッショナルスキルを獲得する以前に、もしくはそれと同時に、徒弟制による OJT ではなく、公式教育によって習得され

るべきものである。習得した知識やスキルはテストなどにより評価され、基準に達した者には資格やライセンスが与えられる。このシステムを通じてプロフェッションへの参入はコントロールされ、プロフェッショナルに権威が与えられる。また、あらゆるプロフェッションは倫理的な行動に関する規約や慣例を備えている。個人的な都合が犠牲になっても公衆の利益を第一に考える職業でもある。プロフェッションの公式の組織や団体が存在し、それが専門的基準と実践を定義し、規制や政策を実施する。

　伝統的な確立されたプロフェッショナルとしてしばしば挙げられるのは、医師、法曹、科学者などであり、彼らは独立して営業することが多かった（太田 1993、三輪 2011）。しかし、知識の増加と専門化、技術の発展によって、それらのプロフェッショナルが単独でサービスを提供することが困難になり、独立自営ではなく被雇用者として業務を営む者が増加した。今日では、病院、法律事務所、大学ばかりではなく、一般企業にもプロフェッショナルが雇用されている。そのため、プロフェッショナルが必要とする知識のソースは、各プロフェッションの公式の組織や同業者集団と、彼らを雇用する組織の両方に存在し、彼らの知識交換ネットワークはそれらをカバーするように広がっていると推測できる。

　このため、伝統的プロフェッショナルのネットワークは、ナレッジワーカーの中の新興専門職や大企業ホワイトカラーのネットワークとは異なると考えられる。新興専門職とは、ソフトウエア技術者、経営コンサルタント、各種のアナリストなどで、三輪 (2011) によると、彼らは公的な資格や学位を必要とせず、社会的に認められた同業者集団に準拠することはなく、専門的な知識のみならず、幅広く文脈的な知識を多く使用している。また、大企業ホワイトカラーの場合は、入社後長期にわたって組織内の仕事を経験する中で知識やスキルを高める。西村 (2018) は、彼らの知識がたとえ高度であったと

しても、体系的知識として社会的に認知されていないことを強調している。したがって、ナレッジワーカーの中でも、伝統的プロフェッショナルの知識交換ネットワークは、交換される知識の特異性とネットワーク構造の複雑さという観点から、取立てて分析に値すると考えられる。

　ただし、伝統的プロフェッショナルの中での違いもある。上山 (2010) は、医学や法律学における職業人は、既に確立し体系化した知識を習得し、ある種の技能として提供するのに対し、科学者は新しい知識を作り出すと述べ、知識の応用と創造の違いに言及している。さらに上山は、法律家や医師の職業団体と科学者の学会との違いについても以下の重要な観察をしている。すなわち、法律家や医師は自らの専門知識という財を市場で交換することで生計をたてているが、その市場は自由市場ではなく、強い権限をもつ職業団体によりコントロールされている。職業団体はメンバー以外にその財を供給することを許さず、しかも職業団体への参入をライセンスにより規制している。さらに、職業団体はメンバーが営利活動をすることを禁じ、技能やサービスの価格を設定し、専門知識や技術についての標準化と正当化も行う。

　これに対して科学的知識は、私有されず市場で取引もされない。科学者は研究成果としての科学的知識をひとたび公表すると、それに関する排他的な所有権をもたない。科学者は雇用され、一定の給与を保証されることにより生計を立て、ボーナスや研究費の増額、そして何よりも発見による名声という形でインセンティブを与えられる。したがって、学会や科学者のコミュニティは、倫理に基づいて科学者の行動を規制し、正当な科学的知識を決めてはいるものの、そのコントロールの範囲や強さは法律家や医師の職業団体には及ばない。

　国や時代によって、職業団体や学会のあり方は異なり、上記の記述がすべて現代の日本にあてはまるわけではないが、医師と科学者の提供するサービ

スの違いが、それらの職業の教育訓練、サービスの評価、公式組織の役割り等に違いを生み、各プロフェッショナルの知識交換ネットワークを特徴づけると考えられる。

1. 3.　学習と実践コミュニティ

　ナレッジワーカーは高度な専門知識をもっている。ナレッジワーカーの中のプロフェッショナルは教育訓練によってそれを習得し、そのレベルを評価されてライセンスを与えられる。例えば、日本で医師になるには、大学において医学の正規の課程を修めてから医師国家試験に合格し、医師免許を取得しなければならない。科学者も大学院教育を受け、博士号や修士号のような学位を取得することが求められる。このように、プロフェッショナルの教育については、職業に参入する前の学校教育に目が向きがちであるが、プロフェッショナルは職業に従事してからも絶えず学習 (learning) をし、知識をアップデートし向上させていかなければならない。

　ウェンガーらは、近年は知識がますます複雑になっているため、「専門化」と「共同」をともに進める必要があること、また、知識の寿命が短くなっていることから、重要な分野に焦点を当てる実践コミュニティ (community of practice) が、急速な変化についていくために必要であることを強調している (Wenger et al. 2002)。実践コミュニティとは、関心、問題、トピックに対する熱意などを共有し、その分野の知識や専門性を継続的な相互交流を通じて深めていく人々の集団を指す (Wenger et al. 2002, p.4)。これはナレッジワーカーのコミュニティに限定されず、職場や学校、家庭や趣味のコミュニティを含む広い概念である。ただし、野村 (2002, p.12) によれば、この概念はもともと、ウェンガーとレイヴが文化人類学的な企業観察を通して、どんな組織にも必

ず人々がともに学ぶための単位があることを発見し、「共通の専門スキルや、ある事業へのコミットメント（熱意や献身）によって非公式に結びついた人々の集まり」を、実践コミュニティと名付けたことに始まる。実践コミュニティの一つの特徴は、グループや部門から自立して働く「個」が自発的にネットワーキングするコミュニティであり、組織の壁を自由に超えて形成されている。さらに、野村 (2002) は、実践 (practice) がプロセスの対語であり、プロセスが計画可能な仕事のやり方であるのに対して、実践はプロセスとプロセスの間で状況に依存して行う意思決定を伴うと述べている。そして、実践こそがナレッジワークでであり、頭で考えた「仕事のやり方」（理論）ではなく、やってみて学んだ「体験知」（実践）をコミュニティで共有していく必要を指摘している。

　医師は医師免許を取得すれば、科学者は博士号を取得すれば、学習を終えるわけではない。プロフェッションのサービスを提供するために、また、実践の場面で問題を解決するために、彼らは書籍や論文、インターネットなどを通じて知識をアップデートするのみならず、同じ職業につき、同じ関心や問題を持つ人たちと、非定型で組織の壁を超えた非公式のつながりをもち、実践で得られたことを共有しながら共に学習している。野村 (2002) は「どんな人と人のネットワークがすでに存在しているのかを探ることで、実践コミュニティの萌芽を見つけることができる (p.16)」と述べ、自発的でインフォーマルな人と人のつながり (p.15) が実践コミュニティの基礎であることを指摘している。

1.4.　社会的交換

　ナレッジワーカーにとり知識は職業を遂行する上で欠かすことができない。

彼らはその知識を経済的交換のみならず社会的交換によって獲得することができる。パーソナルネットワークによる知識交換は社会的交換の例である。経済的交換では経済財（希少性のある財やサービス）と貨幣が交換される。経済的取引におけるベネフィットは希少な財やサービスを消費することによって得られる効用であり、コストはそれに対して支払う価格である。知識の獲得は経済的交換によってなしうる。例えば、本や学術雑誌を、価格を支払って購入したり、教育機関で授業料を支払って、教育サービスを受けたりすることで知識が得られる。

　同時に知識は、社会的交換によっても獲得できる。社会的交換とは他者にとって報酬となるサービスを交換し合うことである (Blau 1964)。社会的結合の中で、人は喜びや満足などの内的報酬を受ける。そして、それをもたらしてくれた仲間に感謝や義務を感じるなら、人はお返しとして利益を供与する。社会的交換におけるベネフィットは、他者から与えられる報酬、あるいは、他者が返してくれるであろう返礼であり、コストは助力に要する時間と労苦である。知識交換ネットワークを用いたインフォーマルな知識交換は、社会的交換の性格をもっていると考えられる。

　社会的交換では有形のもののみならず、社会関係において発生する好意、援助、親切などの無形の活動も交換される。また、経済的取引の場合は、即座に行われるか、内容を特定した公式の契約に基づいて行われるのに対して、社会的交換は、他者の義務履行等への信頼に基づいて行われる。将来の義務や返礼は特定化されず、それらを実行する時期も裁量に任されている。信頼には認知的な信頼と情緒的な信頼がある。(Levin and Cross2004, Gallié and Guichard 2005)。Gallié and Guichard (2005) は、前者は評判によって築くことが可能であり、科学の世界では論文、学会発表などを通じて形成されうるが、後者は個人的なインタラクションを重ねる中で形成されることを指摘してい

る。したがって、社会的交換関係は反復的なインタラクションによって生まれる信頼に基づいた長期的な関係となる傾向がある。すなわち、知識の提供は一方的ではなく、将来お返しとして知識を受け取る交換が繰り返される。

1.5.　知識の創造とネットワークの利用

　自分が以前に知らなかったことを知ることと、自分も他の誰も以前に知らなかったことを知ることは異なる (Machlup 1962)。前者は学習、後者は知識の創造にあたると考えられる。上山 (2010) が医学における職業人は、既に確立し体系化した知識を習得し、ある種の技能として提供するのに対し、科学者は新しい知識を作り出すと述べたように、医師については知識の習得（学習）の側面が、科学者については知識を創造する側面が強調されることが多い。ただし、ダベンポートが上述の知識の役割り別にナレッジワーカーを分類する際に、優れたナレッジワーカーは必ず多少の知識創造を行うという断り書きを入れたように、医師は習得した知識を応用する際に、自分も他の誰も以前に知らなかった新しい知識を見出すことがある。また、科学者は既存の知識をベースにして知識を創造するため、学習を必要とする。

　知識創造の基本はこれまでにつながりのなかった知識の新しいコンビネーションをつくることである (Nahapiet and Ghoshal 1998)。村上 (2015, p.38) で紹介されたように、知識の新結合までのプロセスは以下のフェイズに分解される (Hortho et al. 2012)。

① 　新しい知識源を認識し、知識を吸収する。

② 　吸収した知識を個人や組織のコンテキストに変換する。

③ 　吸収した知識や変換した知識を他の知識と結合する。

①は、自分は知らなかったが誰かが知っていることを学習するフェイズで、

ここでネットワークが利用される。また、③のフェイズにおいて、自分も他の誰も以前に知らなかった知識が創造されると、その新知識はネットワークを使って他者に伝えられ、新たな知識創造の最初のフェイズにつながっていく。

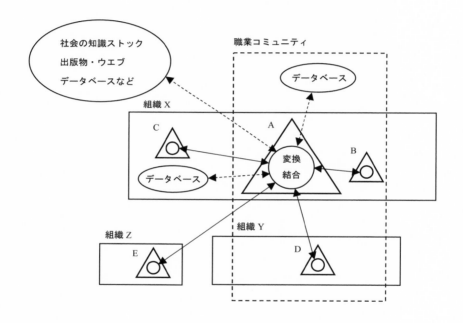

注）○は知識、△はナレッジワーカー (A〜E)、□は組織 (X〜Z)、
実線の矢印はネットワークを通じた知識のフロー、点線の矢印は
その他の知識フローを表す。

図 1-1　個人と組織間の知識のフロー

　図 1-1 はナレッジワーカーA を中心に知識のフローを描いている。A はネッ

トワークを利用せずとも、勤務先組織や職業コミュニティのデータベースにストックされた知識や、社会一般に存在する出版物やインターネット上の知識を吸収することができる。また、その吸収した知識を既に自分がもっている知識と結合して知識を創造し、その新しい知識をデータベースにストックしたり出版したりすることにより、特定の人間関係を築かなくても人々の利用に供することもできる。同時に、A は同じ組織に雇用されている B や C、組織は異なるが同じ職業コミュニティに属している D、組織も職業コミュニティも異なる E とのネットワークを通じて、自分は知らなかったが彼らが知っている知識を吸収することができる。これが①のフェイズにネットワークを利用するケースである。さらに、A は②と③のフェイズを経て創造した新知識を、ネットワークを用いて B〜E に伝え、新知識を普及させることもできる。

1.6.　本書の課題

本書の対象は、知識がノードである知識ネットワークではなく、ノッドが人である知識交換のパーソナルネットワークである。パーソナルネットワークは、複数の人々と、彼らのパーソナルな関係のセットであり、そのパーソナルな関係は、純粋にインフォーマルな個人間のインタラクションである場合も現存のフォーマルな関係に組み込まれていることもある (Fitjar and Huber 2015)。パーソナルネットワークを構成する人は、本書の場合はナレッジワーカーであり、とりわけ、高度な知識を必要とし、複雑なネットワークの構造が予想される研究者（科学者）と医師に焦点を当てている。さらに、彼らのパーソナルネットワークのうち、仕事上の知識を交換するネットワークに対象を限定している。すなわち、本書でパーソナルネットワークというとき、

それは仕事上の知識交換交換のためのパーソナルネットワークを指す。交換の意味は、インフローの知識とアウトフローの知識を直接交換するということではなく、二者の間で知識の提供と受取りが行われ、知識の送り手側が時には受け手側になるという状況で、知識のやりとりが行われることを指す。

本書の基本的な問いは以下の6つである。

① 知識を獲得したり伝えたりするために、パーソナルネットワークはどの程度使われているのか

② パーソナルネットワークはどのような範囲で形成されているのか

③ パーソナルネットワークを通じてどのような知識が交換されるのか

④ パーソナルネットワークはどのような経緯で形成されるのか

⑤ なぜパーソナルネットワークを通じた知識交換が行われるのか

⑥ 以上の①～⑤は研究者と医師の間でどのように異なるのか

図1-1で示したように、医師や研究者は他のナレッジワーカーとパーソナルな関係を築かなくても、世の中に存在する知識を出版物やインターネット等を通じて吸収し伝達することができる。また、学会やセミナーなどの、知識が公開される場を利用することもできる。そのような現代社会において、パーソナルネットワークはどの程度使われているのか（問①）、どのような知識を交換するために研究者や医師はパーソナルネットワークを使うのか（問③）、パーソナルネットワークを利用する動機は何か（問⑤）について、本書は考察する。

また、パーソナルネットワークは無限の広がりをもっているわけではない。個人の行動の範囲は限られていることから、物理的・地理的範囲はある程度限定されていると推測できる。また、職業コミュニティもパーソナルネットワークの範囲を規定するであろう。したがって、パーソナルネットワークの

範囲を見出すことも本書の課題である（問②）。また、関係が形成されるには何らかの契機があると考えられ、これが本書の④の問いである。さらに、研究者と医師の提供するサービスや社会的役割の違い、教育訓練やスキル形成の違い、公式組織のコントロールの違い等により、①〜⑤の答えは、研究者と医師では異なる可能性がある。したがって、ナレッジワーカーを一括りに論じるのではなく、職業による特性を考察することが⑥の問である。

　以上の基本的な分析に加え、本書はナレッジワーカーのパーソナルネットワークについて、詳細な分析も行う。第一に、パーソナルネットワークは他の知識獲得チャネルとどのように異なり、どのように役立っているのかという課題がある。パーソナルネットワークのチャネルとしての特徴を明らかにするとともに、パーソナルネットワークを通じて誰と知識交換を行うことがどのような知識の獲得につながるのか、また、その知識交換を行うことがどのような成果もたらすのかという課題に取組む。第二に、パーソナルネットワークを使わずとも知識交換が可能な時代に、どのような特徴をもったナレッジワーカーがパーソナルネットワークを主に利用するのかについて考察する。パーソナルネットワークは範囲が限られているため、誰がそれを利用するかによって、知識の普及の範囲や社会における知識の分布の在り方が異なる可能性がある。

　第三の課題は、パーソナルネットワークの範囲やタイの強さを決める要因を見出すことである。上述のように、物理的・地理的距離は一要因であると考えられるが、地理的に近いナレッジワーカー同士でも、全くインタラクションを行わない場合もある。この場合のバリアは何であろうか？逆に、地理的に離れたナレッジワーカーの間で知識交換が行われているならば、何が彼らを結び付けているのであろうか？また、ネットワーク上のアクター間の関係の視点としてタイ（紐帯）の強さという概念がある。Granovetter (1973) に

よると、それはアクター間の親しさ、信頼、情愛、サービスなどによって決まるものである。強いタイと弱いタイには知識交換に関しそれぞれどのようなメリットやデメリットがあるのか、また、ナレッジワーカーのタイの強さを決める要因は何かについて考察することは第三の課題である。

　第四の課題は、パーソナルネットワークが形成されやすく、それを使いやすい環境は何かについて考察することである。知識交換は個人の意思によって行われているが、個人がパーソナルネットワークを自発的に形成し利用しやすい環境が存在する可能性はある。個人がパーソナルネットワークを通じて取り込んだ知識を、組織全体が利用することで、組織のパフォーマンスが高まることもあり、環境がパーソナルネットワークの利用に与える影響を知ることは、組織のマネジメントに役立つと考えられる。また、研究や医療は政策が関与する分野でもあり、政策によりつくられた環境がパーソナルネットワークの形成や利用に影響を与えている可能性もある。距離が大きいアクター間のネットワークは形成されにくいが、知識交換のために重要なネットワークについては、形成を促すような政策をとることも可能である。したがって、政策の観点からパーソナルネットワークの形成と利用を考察することも本書の課題である。

1. 7.　本書で利用するデータ

　本書では、前節で示した課題の実証研究を行う。本書の対象とするネットワークのアクターは組織ではなく、ナレッジワーカー個人であるため、知識交換に関する個人のデータをアンケート調査により収集した。アンケート調査は始めに、日本の国立大学と国立研究所に勤務する研究者を対象に 2018 年に行われた。日本では、各都道府県に少なくとも一つの国立大学があり、東

京など人口の多い都道府県には複数の国立大学が存在し、しかも、一大学当たりの人数も多い。国立大学の研究者に対するアンケート調査では、東京都と滋賀県からは 2 大学、その他の都道府県からは 1 大学を選び、一般社団法人国立大学協会が提供する国立大学の教員・研究者データベースを用いて、規模の大きい 7 大学（北海道大学、東北大学、東京大学、名古屋大学、京都大学、大阪大学、九州大学）からは 1 大学につき 60 人、滋賀県の大学からは 2 大学で 40 人、その他の大学からは 1 大学につき 40 人の研究者を名簿上でランダムに選択した。ただし、研究者の所属学部については、理学、工学、農学、保健に限定し、各都道府県で理学・工学と農学・保健の両方の研究者が含まれるようにした。滋賀県で 2 大学を対象にしたのは、1 大学でこの条件を満たすことができなかったからである。合計 49 大学の 2060 人の研究者に対して、2018 年の 5 月から 6 月にかけて郵送によるアンケート調査を行い、495 の有効回答が得られた。退職等の理由で不達であった 15 通を除くと、有効回答率は 24.2% であった。

　また、日本では、国立研究所の中でも世界トップクラスの研究成果を期待できる研究所を特定国立研究開発法人に認定して、特例法で資源や運営等に関して特別な措置を講じている。2018 年現在、それに認定されている法人は 3 つあり、それらを対象に 2018 年の 6 月から 8 月にかけて、国立大学と同じ内容のアンケート調査を実施した。研究所の規模に応じて対象人数を定め、理化学研究所からは 940 人、産業技術総合研究所からは 620 人、物質・材料研究機構からは 440 人を、各研究機関の提供する研究者データベースからランダムに選択し、合計 2000 人に調査票を郵送した。有効回答は 509、不達であった 18 通を除くと有効回答率は 25.7% であった。したがって、国立大学と国立研究所のアンケート調査から、合計で 1004 人の研究者の有効回答が得られた。本書では以下において、二つの調査を合わせて「研究者調査」と呼ぶ。

同様に、医師に対しても 2019 年の 7 月から 8 月にかけてアンケート調査を行った。これは全国 47 都道府県の病院に勤務する 2515 人の医師を対象とした調査である。始めに、都道府県別の医師数に基づいて、表 1-1 のように、協力を依頼する医師の人数を定めた。次に、日本病院会会員名簿にもとづいて、都道府県別に対象となる病院をランダムに選択し、さらに、そのサイト内で提供されている各病院の医師名簿の中から協力をお願いする医師をランダムに選択した。ただし、診療科は考慮し、3 分の 1 は内科、4 分の 1 は外科、残りは他の診療科になるようにしたが、診療科内での医師の選択は、リスト上の上から何番目という具合に機械的に行った。郵送によるアンケート調査により 426 の有効回答が得られ、退職等の理由で不達であった 22 通を除くと有効回答率は 17.1%であった。この医師を対象にしたアンケート調査を、本書では「医師調査」と呼ぶ。

表 1-1　都道府県別アンケート調査対象の医師数

依頼した人数	都道府県
25 人	青森、岩手、秋田、山形、山梨、富山、福井、和歌山、鳥取、島根、徳島、香川、高知、佐賀、大分、宮崎、沖縄
35 人	宮城、福島、栃木、群馬、新潟、長野、石川、岐阜、三重、滋賀、奈良、山口、愛媛、長崎、熊本、鹿児島
50 人	茨城、静岡、京都、岡山、広島、
100 人	埼玉、千葉、兵庫
120 人	北海道、神奈川、愛知、福岡
200 人	大阪
300 人	東京

1.8.　本書の構成

　本章に続く第 2 章では、はじめに研究者と医師のそれぞれについて、職業

の特徴、価値・規範、キャリア形成の特徴について論じる。次に、「研究者調査」と「医師調査」のデータを使って、上述の本書の基本的な問①〜⑥の答えを見出す。

　第 3 章では、研究者を対象に、パーソナルネットワークは他の知識獲得チャネルとどのように異なり、どのように役立っているのか、パーソナルネットワークを使わずとも知識交換が可能な時代に、どのような特徴をもった研究者がパーソナルネットワークを主に利用するのかという問いに対して、「研究者調査」のデータを用いて考察する。すなわち、論文・書籍、学会・研究会、ウエブ、パーソナルネットワークという 4 つのチャネル比較し、それぞれが先端知識と問題解決知識の獲得にどのように利用されているのかを明らかにする。また、4つのチャネルの中でパーソナルネットワークを最も多く利用する研究者の特徴を、特に能力と移動のキャリアという観点から分析する。

　第 3 章において、国際移動経験が先端知識の獲得におけるパーソナルネットワークの利用を増やし、国内での転職経験が問題解決知識の獲得のためのパーソナルネットワークの利用を増やすことが示され、ネットワークの形成に、地理的近接が有用であることが示唆された。これを受けて第 4 章では、研究者のネットワークを対象に、改めて地理的距離がパーソナルネットワークの範囲とタイの強さに与える影響を分析する。また、地理的近接以外にも様々な距離概念があり、その中でも産学の間の制度的距離がパーソナルネットワーク形成に与える効果についても検証する。すなわち、「研究者調査」のデータを用いて、交換される知識の種類別に、地理的距離と制度的距離がパーソナルネットワークを通じた知識の獲得に与える影響を明らかにする。

　第 4 章では、地理的距離の大きい海外研究者とのタイは弱い傾向があるが、先端知識の獲得に役立つことが明らかにされた。日本では、国際的な研究ネットワークを構築・強化して日本の科学技術を活性化させることを目指す国

の方針が示されてきたが、国際的な研究ネットワークは地理的距離が大きいため何らかの政策をとらなければ形成されにくい。そこで第 5 章では、形成されにくいが有用である海外研究者とのパーソナルネットワークを構築し、かつ、その強いタイを形成するために、研究者の国際移動の有効性を研究者の能力や環境の影響をコントロールした上で検証し、国際的な研究ネットワークの形成に向けた政策提言を行う。

　第 6 章では、制度的距離が大きくネットワークが形成されにくい産学間の研究者ネットワークの形成の契機に着目し、産学連携を支援してきた政策の効果を分析する。第 4 章において、大学・国研のいわゆるアカデミアの研究者が民間企業の研究者との間で築くパーソナルネットワークのタイは、一般的にアカデミア内のパーソナルネットワークのタイよりも弱いが、強いタイを築ければ問題解決知識や先端知識の獲得に役立つことが示された。また、第 2 章では、民間企業の研究者は研究・技術の重要なシーズを提供していることや民間企業の研究者が知識交換のパートナーである場合には、アカデミアのパートナーの場合よりも、知り合うきっかけに共同研究を斡旋する組織の介在が多いことも明らかになった。そこで、第 6 章では、組織が介在して形成されたタイは研究者同士が自主的に形成したタイよりも強いのかというリサーチクエスチョンに取り組み、研究者の産学間ネットワークを分析する。

　第 7 章では、医師のパーソナルネットワークに焦点を移す。すなわち、第 2 章で概略を示した医師のパーソナルネットワークを詳細に分析し、どのような特徴をもった医師がどのような範囲でパーソナルネットワークの強いタイを形成しているのか、パーソナルネットワークがどのような知識の吸収に役立ち、どのような仕事の成果に貢献しているのか、パーソナルネットワーク形成のきっかけや範囲は医師のキャリアステージによってどのように異なるのかという問題について考察し、第 3 章から 6 章までで明らかになった研究

者のネットワークとの類似点や相違点を見出す。さらに、都道府県単位の地域医療連携を促進する国の政策が医師のパーソナルネットワークに与える影響についても考察する。

　最後に第 8 章では、本書のリサーチクエスチョンに沿って、本書で見出されたことをまとめる。さらに、研究者と医師以外のナレッジワーカーの知識交換ネットワークの分析は本書の対象外であるが、研究者と医師の分析から得られた個人要因、組織・制度要因、政策要因は他のナレッジワーカーの知識交換ネットワークの分析にも有用であると考えられるため、それらの三つの要因について詳述する。最後に、研究者と医師以外のナレッジワーカーの知識交換ネットワークについて展望し、残された課題を論じる。

第2章 研究者と医師の仕事とパーソナルネットワーク

　本章では、第 1 章で明示した本書の基本的な問い（①～⑥）について考察する。データを使ってそれらの問いに答える前に、はじめに研究者と医師それぞれの職業の特徴や育成等について概観しよう。

2.1.　研究者という職業

　科学の世界ではオリジナリティに価値が置かれる。そのため、共通の知識ストックに真にオリジナルな貢献をした人に認知と尊敬が与えられる (Merton 1973)。研究者の中でも本稿の対象としている科学者は、無視無欲に真実を追求し、その成果は公にされるため、成果に対して所有権をもたない。しかし、名誉という報酬を与えられる。ニュートンの万有引力の法則など、発見した法則に名前が付けられることや、ノーベル賞などの賞、名誉ある学会や科学界のメンバーシップなどがその例である。オリジナルな発見が強調されるが、実際にそれを成し遂げることは難しく、不正が行われてしまうこともある。真にオリジナルな発見を認知し、不正を見逃さないことは科学者のコミュニティの役割であり、その中心に学会や学術誌がある。

　学会は学会員である研究者が研究成果を発表し、研究の妥当性や結果の信頼性を他の学会員と検討する場である。大会は口頭発表の場を提供し、事前に発表要旨の審査や発表論文の選別が行われることにより、クオリティが保

たれる。また、学会誌も研究成果の発表の場である。学会誌を含む学術誌（学術ジャーナル）に掲載される論文は、一般に、査読と呼ばれるプロセスを通して選択される。学術誌のエディターは、その分野の複数の専門家（査読者）に、投稿された論文のレビュー（精査）を依頼する。査読者は投稿論文が学術誌の掲載水準に達しているかを評価し、必要に応じて修正を要求する。エディターは査読者の評価を踏まえて、掲載の可否を決定する。掲載された論文は、他の研究者に読まれ、援用、批判、追試の対象になる。このようなプロセスを繰り返す中で、真にオリジナルな発見が認知され、不正が排除される。Stephan and Levin (1992) や Altbach (1994) は、学術誌のエディターや査読者といった科学的コミュニティのエリート達が、研究のフロンティアや各学問における正当な知識とみなされるものを決定していると述べ、Altbach (1994) は科学者のコミュニティにおける階層性を、Stephan and Levin (1992) は科学的コミュニティのエリートが存在する場所の優位性を指摘している。

　また、科学者のコミュニティとして見えざる大学 (invisible college) が注目されてきた。Price (1963) は、各研究分野の何万人もの研究者の中で、わずか数百名の真に聡明なメンバーたちから成る非公式な専門グループを、見えざる大学と呼んだ。彼らは、出版物のリプリントを送るだけではなく、進行中の仕事や達成されようとする結果についてのプレプリントを送り、互いに影響しあっている。ただし、見えざる大学は外部の影響を受けない閉じられたネットワークではない (Ben-David and Sullivan 1975) 。その内部での相互作用は密であるが、外部の人ともつながり、メンバーシップの変わるネットワークである。見えざる大学のネットワークを通じて研究の多くが広まっていくが (Stephan and Levin1992) 、学会・学術誌にしても、見えざる大学にしても、科学のコミュニティは国境を超えて広がっていることは強調に値する (Enders and Weert 2004)。科学は国境をまたがる活動であり、知識は普遍的である。

　次に、研究者の育成、キャリア形成に目を転じると、一般に研究者は、国の設置基準を満たし認可を受けた大学院で教育を受け、博士号を取得する。その後は自営業として研究を営むのではなく、多くの人は大学、公的研究機関、民間企業の研究所等に就職する。大学、公的研究機関の数やそこでの研究者数は短期的には変わらない。これに対して、民間企業の研究開発 (R&D) の規模やそこでの研究者数は、経済状況によって変化するが (Stephan and Levin1992)、日本の場合は、民間企業に就職する博士号取得者は少ない（科学技術政策研究所・日本総合研究所 2005）。一方、博士課程に進学する人の数は、博士課程の入学定員数、若年者人口、奨学金などの財政サポートの利用可能性等に依存している。日本では 1990 年代の大学院重点化により博士号取得者数は増加したが、正規雇用の機会が増加しなかったために博士の就職難が社会問題となった（水月 2010）。

　増加した博士号取得者を吸収したのはポストドクター（略してポストドク）というポジションである [1]。ポスドクとは、博士の学位を取得後、任期付きで採用されている人々であり、大学や独立行政法人等の研究機関で研究業務を行い、教授・准教授・助教・助手等の職やグループリーダー・主任研究員等の管理的な職に従事していない人々をさす（小林 2015）。日本では、研究費の中の運営交付金が削減される一方で、競争的資金が増える中、競争的資金で運営されるプロジェクトの期間に限り雇用されるポスドクが増加した。また、大学にテニュアトラック制が導入され、若手研究者に自立して研究活動に専念できる環境が与えられるようにはなったが、選考によりテニュア（終身在職権）を得るまでに不安定な状況に置かれる若者も増加した（小林 2015）。

　ただし、ポスドクのポジションもテニュアトラックも学習の機会になって

いる。専門化が進み、設備もより一層重要になるに伴い、サイエンスはチームで行われることが多くなり、チーム内に学習の機会があるため、どこで誰と共に研究するかは研究者の成長に影響を与える (Stephan and Levin1992)。研究者は議論し、互いの仕事を批評しながら研究を進めるが、これらはコーヒータイムやランチタイムにインフォーマルに行われることも少なくない。トップクラスの研究機関はポスドクやテニュアトラックのポジションのために、積極的に海外から優秀な頭脳をリクルートしているため、そのような機会は海外にも広がっている (Enders and Wert 2004)。テニュアのあるベテランの研究者の場合も絶えず能力の維持・向上に努めていく必要があり、上述のようなチーム内での学習、セミナー・学会での議論、学術誌への投稿・査読を通して学び、研究能力を高めていく。

2.2.　医師という職業

　厚生労働省 (2020) は、医師としての基本的価値観として、「社会的使命と公衆衛生への寄与」、「利他的な態度」、「人間性の尊重」、「自らを高める姿勢」を挙げている。すなわち、社会的使命を自覚し、公正な医療の提供及び公衆衛生の向上に努め、患者の苦痛や不安の軽減と福利の向上を最優先し、患者や家族の価値観を尊重して尊敬の念と思いやりの心を持って接し、常に自らの資質・能力の向上に努めることを、医師のプロフェッショナリズムと定め、医師免許取得後の臨床研修の到達目標としている。

　本書の第 1 章において、医師や法律家などの伝統的プロフェッショナルは、強い権限をもつ職業団体によりその供給がコントロールされる傾向を指摘したが、現代の日本では、医師の供給と育成は国の政策によってコントロールされている。まず、医師には医師免許が必要であるが、厚生労働省の「医師

国家試験の施行について」によると、医師免許は学校教育法に基づく大学において医学の正規の課程を修めて卒業し、医師国家試験に合格した者に与えられる[2]。したがって、医師数は政策によって決まる医学部の入学定員数に左右される。また、厚生労働省の医師臨床研修制度のホームページによると[3]、医師免許取得後は、医師としての基本的な知識・手技などを習得するために、二年以上の初期臨床研修を受けることが、2004年度に導入された新医師臨床研修制度により義務化された。研修を希望する医師と、臨床研修を行う病院（都道府県知事の指定する病院）とのマッチングは、医師臨床研修マッチング協議会が、両者の希望を踏まえて、一定のアルゴリズムに従ってコンピュータにより行っている。

　2003年度までは、臨床研修は義務ではなく努力義務であったが、ほとんどの医師は出身大学の医局に入り、その指導のもとで、大学病院もしくは関連病院で2年間の研修を受け、その修了後も半年から3年の周期で大学と関連病院の間をローテーションしながらキャリアを形成していた（猪飼 2000、吉田 2010、遠藤 2012）。この過程で、医局員は上級医の指導のもとで臨床や研究経験を蓄積していき、専門医の資格や博士号を取得した。猪飼 (2000) は、医局制度が臨床経験を段階的かつ公平に分配する仕組みとして存在していたことを指摘している (p.271)。ローテーションが終わるのが40歳位であるが、吉田 (2010) によると、この頃に大学の講師になるか関連病院で最終ポストを得るかという最初のキャリアのふるい分けが行われ、さらに40代後半では、准教授や有力な関連病院の部長クラスになれるかどうかのふるい分けが行われていた。

　しかし、新臨床研修制度の導入後に、医師の大学病院離れが進み、厚生労働省によると[4]、2003年度には、新卒医師の72.5%が大学病院、27.5%が臨床研修病院で研修を行っていたが、新臨床研修制度がスタートした2004年度に

は、大学病院が 55.8%に急減した。さらに、厚生労働省が行った「令和 2 年臨床研修修了者アンケート調査」によると、令和 2 年 3 月末に臨床研修を修了予定の研修医のうちで、大学病院で臨床研修を行った人は 38.0% にすぎなかった。このような変化に伴い、医師の勤務先選択の自由度が高まり、医師を対象とする人材紹介会社が次々と誕生した（堀本 2011）。

　ただし、医師が自らの資質・能力の向上に努めなければならないことに変わりはない。医師の生涯教育には、病院、学会、医師会が行うものと自己学習によるものがある。橋本 (2007) によると、大学病院や大病院の医師の生涯教育は、院内の症例検討会、臨床研究、基礎医学的実験、学会発表、論文執筆などが中心であるが、中小病院や開業医師は、医師会や学会の提供する教育機会を利用することが多い。

　学会は専門医の認定を行い、そのための教育訓練機会や情報を提供している。日本専門医機構によると、専門医とは「それぞれの診療領域における適切な教育を受けて十分な知識・経験を持ち、患者から信頼される標準的な医療を提供できるとともに、先端的な医療を理解し情報を提供できる医師」と定義され[5]、専門医資格取得には、原則として初期臨床研修修了後 3 年以上の経験を積み、基本領域学会の指定する専門研修を受け、その後の試験に合格しなければならない。また、専門医の認定期間は 5 年間で、資格を維持するためには 5 年ごとに資格更新の審査を受ける必要がある。既述のように、研究者の場合の学会は、主として学会員である研究者が研究成果を発表し、その科学的信頼性を他の学会員と検討し、新たな科学的知識を学ぶ場であるが、医師の所属する学会はそれに加えて、医師を教育訓練し、専門医資格の付与を通じて医師の質保証を行い、プロフェッショナルの団体として強いコントロール機能をもっている。

　また、日本医師会も生涯学習の機会を提供している。そのホームページに

よると、雑誌や e-ラーニングによる解答、講習会・講演会・ワークショップへの参加、体験学習（共同診療、病理解剖見学、症例検討、手術見学等の病診・診診連携の中での学習）などの方法で、連続した 3 年間に一定の単位数とカリキュラムコード数を達成した医師に、「日医生涯教育認定証」が与えられる[6]。

　以上のように、医師は出身大学の医局、所属学会、日本医師会などの医師の組織に深くかかわりながら医療を提供している。また、看護師、薬剤師、臨床検査技師、理学療法士など他のメディカルスタッフと連携して治療やケア行っており、これはチーム医療と呼ばれている。医療の高度化や地域医療の進展に伴い、職種や病院組織の枠を超えたチーム医療はますます重要になっている（秋山 2008）。したがって、医師にはチームの中で他の職種のプロフェッショナルと共に学習する機会もある。同時に、医療には医療機器や医薬品も欠かせず、それらも絶えず進歩しており、それらのメーカーの従業員との協働から学習することもある。

2. 3.　　知識の獲得におけるパーソナルネットワークの利用

　次に、第 1 章で紹介した研究者調査と医師調査のデータを使って、本書のベーシックな問い（①～⑥）について一つずつ検討していこう。研究者調査では、回答者 1004 人のうち、男性比率は約 90%、平均年齢は約 47 歳であった。一方、医師調査では、回答者は 426 人、男性比率は約 74%、平均年齢は約 46 歳であり、男女比率に関して両調査で差がある。始めに、知識の獲得と伝達・普及にパーソナルネットワークはどの程度使われるのかという第一の問いについて考察しよう。

　研究者も医師もそれぞれに、日進月歩に進歩する知識を吸収して職務を遂

行している。また、職務遂行の過程で問題に直面した際には、それを解決するために、先端知識ではないが自分のまだ知らない知識を吸収する必要が生じる場合もある。そこで、先端知識と問題解決知識に分けて知識源を見てみよう。アンケート調査では、「パーソナルネットワーク」「ウエブ」「出版物」「研究会 （学会を含む)」、「その他」の 5 つの選択肢を設けて、過去 1 年間に利用した頻度が多い方法を、利用頻度順に最大三つまで回答する設問を設けた。はじめに、先端知識についてみると、それを吸収していない人と知識源を明らかにしなかった人を除いた場合の知識源の内訳は図 2-1 のようになる。

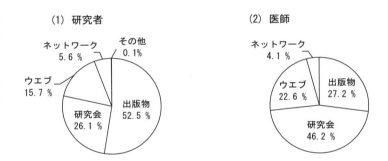

（1）研究者
ネットワーク 5.6 %
その他 0.1 %
ウエブ 15.7 %
研究会 26.1 %
出版物 52.5 %

（2）医師
ネットワーク 4.1 %
ウエブ 22.6 %
出版物 27.2 %
研究会 46.2 %

注）研究者の回答者総数は 986 で、「その他」を選択した 1 人を含む。
医師の回答者総数は 416 で、「その他」の選択者数はゼロである。

図 2-1　先端知識の主要なソース

　図 2-1 に示されるように、研究者と医師は共に先端知識を吸収しているものの、その吸収源は大きく異なる。主として利用する知識源は研究者の場合は半数が出版物、医師の場合は半数近くが研究会である。研究者は論文を書くことに重点を置いているため、論文を含む出版物を読み、そこに書かれている知識を参考にしている。一方、臨床を行う医師は、医療に必要な先端知識

を学会、症例研究会などを通して獲得することが多いとみられる。パーソナルネットワークを先端知識の第一の知識源とする人は全体的に少なく、研究者も医師も 5%程度である。ただし、先端知識の知識源として、三番目までにパーソナルネットワークを挙げた人は、研究者は 986 人中 472 人 (47.9%)、医師は 416 人中 137 人 (32.9%) 存在し、先端知識を獲得する手段としてパーソナルネットワークを無視することはできない。

(1) 研究者

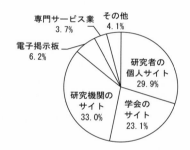

(2) 医師

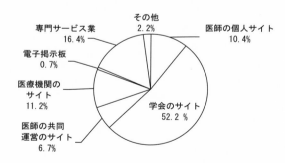

注）先端知識の知識源として少しでもウエブを活用している人で、利用するサイトの種類に関する設問に答えた人の総数を 100%としている。その数は研究者 679 人、医師 268 人である。

図 2-2　先端知識に関するウエブ利用者の利用サイト

　ウエブの利用は医師の方が研究者よりも多いという違いに加えて、利用するサイトに関しても両者に違いがみられる。図2-2はウエブを利用している人に対して、最も多く利用するサイトを尋ねた結果を示している。研究者の場合は、研究機関のサイトと研究者の個人サイトがそれぞれ 30%程度で多いが、医師の場合は学会のサイトが半数を上回っている。前節で論じたように、学会の役割は医師の方が研究者よりも大きく、学会のウエブは医師の知識源として重要である。また、専門サービス業のサイトを利用している人の割合も医師 (16%) の方が研究者 (4%) よりも多い。医療機器メーカー、製薬会社などのサイトが医師に先端知識を提供しているとみられる。

　次に、問題解決知識の知識源についてみると、先端知識の場合と違って、研究者と医師の間で大きな違いはみられない。図2-3 に示されるように、出版物の利用が一番多く、それに続いてネットワークやウエブが使われている点でも医師と研究者に大きな違いはない。

(1) 研究者　　　　　　　　　　　**(2) 医師**

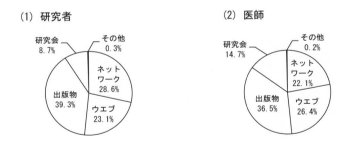

注）研究者の回答者総数は 987 で、「その他」を選択した 3 人を含む。医師の回答者総数は 416 で、「その他」を選択した 1 人を含む。また、問題解決知識を吸収していないと回答した人数は、研究者と医師を合わせてゼロである。

図 2-3　問題解決知識の主要なソース

また、先端知識の場合よりもネットワークの利用が盛んであるという特徴もみられ、研究者では 29%、医師では 22%が問題解決知識の第一の知識源としてネットワークを挙げていた。また、問題解決知識の三番目までの知識源としてネットワークを挙げた人は、研究者では 987 人中 714 人 (72.3%)、医師では 416 人中 242 人 (58.2%) と、半数を超えている。このように、先端知識と問題解決知識では知識源に違いがみられるが、その原因等については、第 3 章で深く考察する。

(1) 研究者

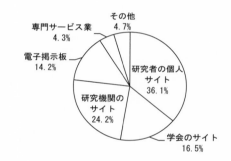

(2) 医師

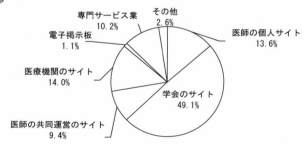

注）問題解決知識の知識源として少しでもウエブを活用している人で、利用するサイトの種類に関する設問に答えた人の総数を 100%としている。その数は研究者 723 人、医師 265 人である。

図 2-4　問題解決知識に関するウエブ利用者の利用サイト

　問題解決知識の知識源については、研究者と医師の間で大きな違いはない
ものの、ウエブ利用者の利用するサイトには違いがみられる。図2-4に示され
るように、医師のウエブの活用は先端知識の場合と同様に、学会のサイトが
一番多く、その割合は約 50%にのぼる。これに対して研究者は研究者個人の
サイトを一番多く利用している。医師の場合は学会が、研究者の場合は特定
の研究者が、問題解決のための頼れる知識源になっている。また、電子掲示
板の利用は、医師では 1%に過ぎないが、研究者の場合は 14%を占めていると
いう違いもみられる。電子掲示板では不特定多数の人が質問と回答のやりと
りを行うため、問題を提示して利用者からそれに対する直接的な答えをもら
うことができるが、医師はこれをほとんど利用していない。

2.4.　パーソナルネットワークの範囲

　上述のように、パーソナルネットワークを第一の知識源としている人は少
ないが、3番目までの知識源として利用しているという人は、先端知識の場合
は、研究者48%、医師 33%、問題解決知識の場合は、研究者 72%、医師 58%
であり、パーソナルネットワークは研究者にとっても医師にとっても無視で
きない知識源になっているといえる。そこで次に、パーソナルネットワーク
により知識交換を行う相手が誰かをみることによって、パーソナルネットワ
ークがどのような範囲で形成されているかについて考察しよう。
　図2-5は過去1年間に研究に関わる知識を交換した人の数を、交換相手の類
型別に示している。

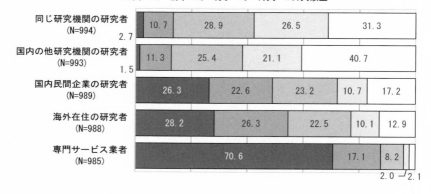

■0人　■1～2人　■3～5人　■6～10人　□11人以上

同じ研究機関の研究者 (N=994) 2.7	10.7	28.9	26.5	31.3
国内の他研究機関の研究者 (N=993) 1.5	11.3	25.4	21.1	40.7
国内民間企業の研究者 (N=989)	26.3	22.6	23.2	10.7	17.2
海外在住の研究者 (N=988)	28.2	26.3	22.5	10.1	12.9
専門サービス業者 (N=985)	70.6		17.1	8.2	2.0　2.1

注）　図中の数値は各 N の数値に対する構成比 (%) である。

図 2-5　研究者の知識交換パートナーの類型別人数

　同じ研究機関の研究者とパーソナルネットワークによる知識交換を全く行っていない人は 2.7%、国内の他研究機関の研究者と知識交換を全く行っていない人は 1.5%と極めて少ない。逆に、国内の他研究機関に 11 人以上の交換のパートナーを持っている人は 40.7%で、同じ研究機関の場合の 31.3%よりも多く、研究者のネットワークは勤務先の研究機関を超えて広がっている。さらに、国内の民間企業の研究者、海外在住の研究者に少なくとも一人の知識交換パートナーのいる人の割合は、それぞれ 73.7%、71.8%と多い。ネットワークは海外にも広がっているものの、パートナーの数を見ると、国内の他機関の場合は 11 人以上の人がもっとも多いのに対して、海外の場合は 1–2 人という人が最も多く、地理的距離が障害になっていると考えられる。また、知識交換のパートナーについて、国内他研究機関（官学）の研究者数よりも民間

企業の研究者数は少ない。産学の間には、研究目的、研究成果の取り扱い、マネジメント、インセンティブシステム、意思決定プロセス、価値・規範における違いなど、制度的距離のあることが知られており (Crescenzi, Filippetti and Iammarino 2017)、それらが障害になって、民間企業の研究者とのネットワークをもつ人は相対的に少なく、ネットワークのサイズも小さいと考えられる。

　次に、医師に対して同様の質問を行った結果を見てみよう。図2-6に示されるように、同じ医療機関、同じ都道府県、国内他都道府県、海外という具合に、地理的距離が離れるほどパートナーの数は少なくなっている。

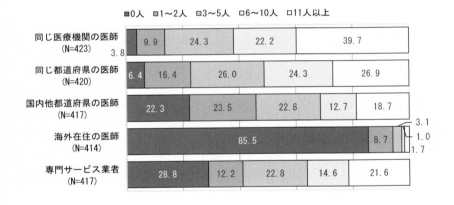

図 2-6　医師の知識交換パートナーの類型別人数

　特に、海外在住の医師と全く知識交換を行っていない人の割合は 85.5%と、研究者の場合の 28.2%よりもはるかに多い。2.1 節で論じたように、科学的コ

ミュニティは国境を越えて広がっているのに対して、医師は国の医療政策や国内の学会の影響を受けるため、海外の医師との接点が少ないと考えられる。また、医師は研究者よりも専門サービス業者とネットワークをもっている人が多い。専門業者のコンタクトはゼロと答えた人は、研究者では約 70%以上であるのに対し、医師の場合は 30%弱にすぎず、また、11 人以上のコンタクトのある医師も約 20%存在する。2.3 節で論じたように、医師は医療機器メーカー、製薬会社などから学ぶことがあるため、それらの企業のサイトばかりではなく、それらの社員とのネットワークを通じて知識を吸収しているとみられる。

2.5. パーソナルネットワークにより交換される知識

前節でみたように、パーソナルネットワーク上で知識交換を行う相手は多様であり、その相手によって交換する知識の内容は異なる可能性がある。そこで、表2-1は研究者の知識交換パートナーの類型別に、最も多く知識交換を行った相手と、最も多く交換した知識の内容を示している。当然のことながら個人差はあるが、同じ研究機関の研究者とは研究上の問題解決知識を最も頻繁に交換する人の数が最も多い。同じ研究機関内の研究者同士は、問題を共有しているからであろう。また、国内の他研究機関や海外在住の研究者とは先端的な科学技術知識を交換する人が最も多い。先端知識は世界中のどこかで生み出され、勤務先の組織の外で広まっていることは多い。民間企業の研究者とは、研究・技術のシーズをやりとりしている人が相対的に多いという特徴もみられる。また、専門業者との間でも先端知識、研究・技術のシーズ、問題解決知識が交換されているが、それ以上に、装置やデータ利用に関する知識が多く交換されている。

表 2-1　研究者の知識交換パートナーの類型別交換される知識　単位：人（%）

知識・情報の内容	同じ研究機関の研究者	国内他研究機関の研究者	海外在住の研究者	民間企業の研究者	専門サービス業者
先端的な科学技術知識	261 (27.6)	357 (37.5)	323 (48.4)	135 (21.3)	34 (12.5)
研究・技術のシーズ	93 (9.8)	117 (12.3)	82 (12.3)	183 (28.9)	50 (18.3)
研究上の問題解決知識	443 (46.8)	296 (31.1)	135 (20.2)	142 (22.4)	46 (16.8)
研究機関・研究者の研究動向	26 (2.7)	86 (9.0)	67 (10.0)	42 (6.6)	15 (5.5)
装置やデータ利用のノウハウ	73 (7.7)	27 (2.8)	17 (2.5)	77 (12.1)	91 (33.3)
研究機関・学会・プロジェクトなどの運営	41 (4.3)	52 (5.5)	33 (4.9)	38 (6.0)	9 (3.3)
その他	10 (1.1)	16 (1.7)	10 (1.5)	17 (2.7)	28 (10.3)
合計	947 (100.0)	951 (100.0)	667 (100.0)	634 (100.0)	273 (100.0)

注）カッコ内の％は、各類型のパートナーを有している研究者で、交換する知識の内容に関する設問に回答した研究者を 100% としたときの割合である。

　次に、医師についてみると、表2-2に示されるように、国内の医師からは医療上の問題解決知識を最も多く吸収している人が最も多い。特に、同じ医療機関の医師とは医療上の問題解決知識を交換している人が 90%以上で、研究者以上に、同じ組織内では問題解決知識が交換されている。同じ医療機関の医師よりも同じ都道府県内の医師、さらには他の都道府県の医師という具合に、地理的距離が大きくなるにつれて、医療上の問題解決知識の割合は低下し、代わって先端的な医学知識の割合が増える。そして、海外在住の医師からは先端的な医学知識を吸収している人が一番多い。

表 2-2　医師の知識交換パートナーの類型別交換される知識

知識・情報 の内容	同じ医療機関 の医師	同じ都道府県 内の医師	他の都道府県 の医師	海外在住 の医師	専門サービス 業者
先端的な 医学知識	28 (7.2)	76 (20.2)	112 (37.3)	28 (53.8)	43 (15.7)
医療上の 問題解決知識	351 (90.5)	273 (72.4)	139 (46.3)	14 (26.9)	42 (15.3)
経営や マネジメント知識	1 (0.3)	5 (1.3)	9 (3.0)	1 (1.9)	4 (1.5)
医学研究者・ 研究機関の研究動向	5 (1.3)	15 (4.0)	21 (7.0)	5 (9.6)	2 (0.7)
医療機器・ 新薬に関する知識	0 (0.0)	2 (0.5)	7 (2.3)	2 (3.8)	174 (63.5)
医療政策に 関する知識	0 (0.0)	2 (0.5)	3 (1.0)	1 (1.9)	4 (1.5)
その他	3 (0.8)	4 (1.1)	9 (3.0)	1 (1.9)	5 (1.8)
合計	388 (100.0)	377 (100.0)	300 (100.0)	52 (100.0)	274 (100.0)

注）カッコ内の%は、各類型のパートナーを有している医師で、交換する知識の内容に
関する設問に回答した医師を 100%としたときの割合である。

　このように、距離と交換する知識の内容が関係していることは研究者の場合と同様で、この点については第 4 章で深く分析する。また、専門業者とは医療機器、新薬に関する知識のやりとりが最も多く行われている。

2.6.　パーソナルネットワーク形成の経緯

　多様な類型のパートナーと知識交換を行っている研究者は、どのようにして各パートナーとつながりをもったのであろうか？表2-3は、彼らと知り合った経緯を示している。「同じ研究機関の研究者」とは、職場の同僚として知り

合ったケースが圧倒的に多いが、それ以前に学生時代に知り合っていたという人も一定数存在する。「国内他機関の研究者」とは、学生時代のつきあいであるという人と、学会・研究会等で知り合った人が多い。また、海外在住の研究者、民間企業の研究者、専門業者とは、学会・研究会への参加や研究者仲間の紹介で知り合った人が多い。

表 2-3　研究者のパーソナルネットワーク形成の経緯（複数回答）　単位：人（％）

知り合った経緯	同じ研究機関の研究者	国内他研究機関の研究者	海外在住の研究者	民間企業の研究者	専門サービス業者
学生時代のつきあい（友人・先生など）	139 (14.4)	344 (35.2)	67 (9.4)	89 (12.2)	7 (2.4)
自分の教え子	56 (5.8)	43 (4.4)	23 (3.2)	28 (3.8)	1 (0.3)
職場の同僚・元同僚	852 (88.1)	214 (21.9)	79 (11.1)	51 (7.0)	22 (7.6)
海外赴任中の研究仲間	7 (0.7)	21 (2.1)	154 (21.7)	4 (0.5)	2 (0.7)
学会・研究会参加	36 (3.7)	324 (33.1)	183 (25.8)	256 (35.1)	67 (23.1)
研究者仲間等の紹介	92 (9.5)	251 (25.7)	185 (26.1)	169 (23.2)	65 (22.4)
所属機関等による共同研究の斡旋	52 (5.4)	49 (5.0)	34 (4.8)	115 (15.8)	39 (13.4)
直接のアプローチ	1 (0.1)	9 (0.9)	40 (5.6)	37 (5.1)	58 (20.0)
その他	7 (0.7)	16 (1.6)	17 (2.4)	18 (2.5)	18 (6.2)
合計	967 (100.0)	978 (100.0)	709 (100.0)	729 (100.0)	290 (100.0)

注）カッコ内の数値は各類型のパートナーを有している人の合計人数を100%とした時の割合である。

したがって、学会・研究会は職場外の人とネットワークを形成する良い機会になっている。また、海外在住の研究者、民間企業の研究者、専門業者など、地理的距離もしくは制度的距離が大きい人たちとは、研究者仲間の紹介が重要な手段になっており、パーソナルネットワークが広がっていく様子がうかがえる。また、日本では産学間連携が推進され、産学連携オフィスなどが大学内につくられているため、大学や国研の研究者が民間企業の研究者と「機関による共同研究の斡旋」によってつながったケースも約 15%存在する。さらに、専門業者の場合は、直接にアプローチするケースが少なくないという特徴もある。

　次に、医師についてみると、容易に予想できるように、同じ医療機関の医師とは職場の同僚として知り合うケースがほとんどである（表 2-4）。同じ都道府県内の医師とも職場の元同僚であるケースが一番多く、これは同じ都道府県内で転職もしくはローテーションが行われていることによると考えられる。国内の他の都道府県の医師、海外在住の医師といった地理的に離れたパートナーとは、職場の元同僚であるケースは減少するが、代わって学会・研究会が主要な出会いのきっかけになっている。先に、研究者よりも医師の場合に、学会が先端知識や問題解決知識の知識源になる傾向が強いことを指摘したが、ネットワーク形成の場としても学会の役割は医師の場合に大きい。また、日本国内にいる医師同士は、学生時代からのつきあいであるケースも多く、学部や医局が関与するパーソナルネットワークの存在も無視できない。専門業者とは所属する医療機関の紹介で知り合うケースが 6 割を超えている。

表 2-4　医師のパーソナルネットワーク形成の経緯（複数回答）　単位：人 (%)

知り合った 経緯	同じ医療機関の 医師・医学研究者	同じ都道府県内の 他の医療機関の 医師・医学研究者	国内の他の 都道府県の 医師・医学研究者	海外在住の 医師・医学研究者	専門サービス 業者
学生時代の つきあい （友人・先生など）	82 (20.1)	146 (37.2)	110 (34.0)	7 (11.7)	8 (2.7)
職場の同僚・ 元同僚	379 (93.1)	224 (57.0)	102 (31.5)	9 (15.0)	10 (3.4)
海外赴任中の 医師・ 研究者仲間	2 (0.5)	4 (1.0)	2 (0.6)	13 (21.7)	0 (0.0)
学会・ 研究会参加	12 (2.9)	120 (30.5)	175 (54.0)	23 (38.3)	60 (20.2)
医師仲間 の紹介	15 (3.7)	61 (15.5)	63 (19.4)	10 (16.7)	15 (5.1)
所属する医療機関 の紹介・取引	6 (1.5)	24 (6.1)	19 (5.9)	4 (6.7)	183 (61.6)
ネット検索	12 (2.9)	2 (0.5)	3 (0.9)	2 (3.3)	8 (2.7)
合計	407 (100.0)	393 (100.0)	324 (100.0)	60 (100.0)	297 (100.0)

注）カッコ内の数値は各類型のパートナーを有している人の合計人数を100%とした時
の割合である。

2.7.　パーソナルネットワークを通じた知識交換の動機

　知識は、本や学術雑誌を購入したり、教育機関で授業料を支払って教育サービスを受けたりすることによって得られる。すなわち、金銭の授受を伴う市場の交換（経済的取引）によって得られる。同時に、第 1 章で論じたよう

に、知識は市場を介さない社会的交換によっても獲得できる。

　なぜパーソナルネットワークを通じた知識交換が行われるのかという問に対する答えを、アンケート調査の結果から探ってみよう。表2-5は知り合いの研究者もしくは医師と知識を共有することをどのように考えているかについて、5件法（該当しない=1〜該当する=5）で尋ねた際の研究者と医師それぞれの平均値、標準偏差、平均値の差のt検定の結果を示している。まず、研究者の場合も医師の場合も、「知識・情報の共有は科学技術/医療の発展のために必要である」と「仲間と知識・情報を共有すると自分の仕事がはかどる」の平均値が 4 を超えており、自分の仕事の遂行や従事する職業の発展のために知識共有や交換は必要だと考えている人が非常に多い。また、「知識・情報を共有するプロセスが楽しい」の平均値も研究者と医師の両方で 3 を超えており、一般的に内発的動機もみられる。さらに、「知識・情報を教えると将来お返しに知識・情報を提供してもらえる」についても、研究者と医師の平均値はそれぞれ 3 を超えており、社会的交換が一般的に行われていることを肯定する結果となっている。

　また、表2-5の最後の四つの設問は、知識を共有しない、すなわち知識を秘匿する態度やその理由について尋ねている。これらの設問に対する平均値はどれも 3 よりも低く、このことは知識を秘匿しようとする人が多くないことを示唆している。ただし、これらの項目のいずれについても、医師よりも研究者の平均値が高い。特に、「知識・情報を教えると自分や所属組織のアドバンテージが失われる」と「守秘義務が知識・情報の共有の制約になっている」の差は顕著である。研究者の世界ではオリジナリティをめぐって競争が行われており、また研究成果が市場で莫大な利益をもたらすこともあるため、知識を秘匿する誘因が働くと推測できる。

表 2-5　知識共有に対する態度や動機

	研究者	医師	t 値
知識・情報を教えると将来お返しに知識・情報を提供してもらえる	3.40 (1.25)	3.20 (1.29)	2.75**
知識・情報を教えると自分の影響力が強まる	2.85 (1.22)	2.72 (1.22)	1.84
知識・情報の共有は科学技術/医療の発展のために必要である	4.30 (0.87)	4.30 (0.90)	−0.94
仲間と知識・情報を共有すると自分の仕事がはかどる	4.16 (0.96)	4.10 (0.88)	1.09
知識・情報を共有するプロセスが楽しい	3.43 (1.15)	3.60 (1.05)	−2.77**
知識・情報を教えると自分や所属組織のアドバンテージが失われる	2.15 (1.04)	1.64 (0.88)	9.57**
知識・情報に自信がもてない限り、他の人には伝えたくない	2.86 (1.20)	2.65 (1.22)	3.07**
守秘義務が知識・情報の共有の制約になっている	2.80 (1.19)	2.21 (1.05)	9.30**
知識・情報は聞かれれば答えるが、自分からは積極的に提供しない	2.63 (1.03)	2.48 (1.06)	2.45*

注）**p < 0.01, *p < 0.05

2.8.　研究者と医師のパーソナルネットワークの違い

　以上のように、研究者と医師のパーソナルネットワークには以下の共通点がみられる。第一に、先端知識の獲得よりも問題解決知識の獲得のためにパーソナルネットワークが用いられる。第二に、地理的距離や制度的距離が大きくなるとパーソナルネットワークのタイは少なくなる。第三に、地理的距離が小さいパートナーとは問題解決知識、それが大きいパートナーとは先端知識を交換する傾向がみられる。第四に、職場外のパートナーとは学生時代

の活動、勤務先の変更、学会・研究会で知り合うケースが多い。第五に、自分の仕事の遂行や従事する職業の発展のために、パーソナルネットワークを用いた知識共有や交換が必要だとの考えのもとに交換が行われている。また、知識共有を楽しむ内発的動機や知識の社会的交換も研究者と医師の双方にみられる。

　同時に、研究者と医師のパーソナルネットワークには違いもある。第一の違いは、組織の影響力の違いである。医師の場合はパーソナルネットワークの形成に大学（医局）と学会が大きく関係している。また、パーソナルネットワークよりもウエブを活用する傾向も医師の方が強く、彼らが主に利用するサイトは学会のサイトである。研究者の場合も学会はパーソナルネットワーク形成の重要な場になっているが、医師の場合よりも仲間の紹介によりパーソナルネットワークが形成・拡大されていくケースが多い。また、研究者が利用するウエブは学会よりも研究者個人が提供するサイトが多いという違いもある。このように、医師の場合は組織が、研究者の場合は個人が、知識の普及とネットワークの形成・利用に関与する傾向がみられる。医療サービスの標準化や質の保証を行うことは社会的に重要であり、国、大学、学会の政策や方針がそれをコントロールしている。一方、研究者の場合はオリジナリティが重視されるため、研究者個人が創造性を発揮することが求められ、研究分野をリードする個としての研究者や個人的なつながりをもつ研究者の影響力が大きい。

　研究者と医師のパーソナルネットワークの第二の違いは国際的な広がりの程度である。研究者の場合は海外の研究者とパーソナルネットワークを築いている人は 70%以上であるが、医師の場合は 15%程度と少ない。研究者はそれらのネットワークを国際会議（国際的な規模での研究発表とディスカッション）への参加、研究者仲間の紹介、海外赴任により築いている。1年以上の

第2章　研究者と医師の仕事とパーソナルネットワーク

海外での仕事の経験のある人の割合は、研究者は約 43%、医師は約 12%と大きな差がある。海外赴任中に海外の研究者と場を共有しながら研究を行う機会があれば、ネットワークを形成しやすい。一旦形成されたネットワークのタイは帰国によって失われるケースもあるが、共同研究を行ったり、国際会議等で定期的に出会ったりする機会があれば維持されやすい。このような研究者の国際的な活動は、科学的知識が普遍的であり、プライオリティをめぐる競争が国際的に展開されていることに起因する。これに対して医療サービスは国の制度の影響をうけるため、医師の活動は国内に限定されがちになると考えられる。

　研究者と医師の第三の違いは、パーソナルネットワークを用いた知識交換に対する態度にみられる。上述のように、研究者も自分の仕事の遂行や従事する職業の発展のために、パーソナルネットワークを用いた知識共有や交換は必要だと考えているが、同時に、オリジナリティをめぐる国際競争が激しい研究者の場合は、知識を秘匿したいと思っている人が医師の場合よりも多い。このことは、パーソナルネットワークを通じて知識交換を行うパートナーの選択や交換する知識の内容について、研究者の方がより慎重になる可能性を示唆している。

注）

1)　「学校基本調査」に基づくと、1990 年代から始まった大学院重点化により、博士課程卒業者数は 1991 年 3 月には 6201 人であったが、2008 年 3 月には 16281 人に増加した。1996 年に導入されたポストドクター1 万人支援計画により、増加した博士課程卒業者はポスドクに吸収された。学校基本調査によると、博士課程を卒業し就職した人の職業別内訳は、1991 年 3 月には、ポスドクを含む科学研究者が 9.6%、教員が 40.1%であったが、2008 年 3 月には、科

学研究者が 23.9%、教員が 24.9%に変化した。詳しくは、村上 (2010) 182-184
ページ参照。

2) 厚生労働省の「医師国家試験の施行について」

https://www.mhlw.go.jp/kouseiroudoushou/shikaku_shiken/ishi/（2023 年 2 月 18 日
閲覧）

3) 医師臨床研修制度のホームページ

https://www.mhlw.go.jp/stf/seisakunitsuite/bunya/kenkou_iryou/iryou/rinsyo/index.ht
ml（2023 年 2 月 18 日閲覧）

4) 厚生労働省「第 1 回　臨床研修制度のあり方等に関する検討会」資料。

https://www.mhlw.go.jp/shingi/2008/09/dl/s0908-4f.pdf（2023 年 2 月 14 日閲覧）

5) https://jmsb.or.jp/（2023 年 2 月 26 日閲覧）

6) 日本医師会『日本医師会生涯教育制度のご案内』参照。

第3章　研究者のパーソナルネットワークによる知識の獲得
―パーソナルネットワークと利用者の特徴

　前章では、研究者と医師のパーソナルネットワークの形成、利用、範囲を概観した。本章ではさらに一歩進んで、研究者を対象に、「パーソナルネットワークは他の知識獲得チャネルとどのように異なり、どのように役立っているのか」、「パーソナルネットワークを使わずとも知識交換が可能な時代に、どのような特徴をもった研究者がパーソナルネットワークを主に利用するのか」という問いに関して考察する。

3.1.　はじめに

　第 1 章で論じたように、研究者は知識を創造し、その知識創造の基本はそれまでにつながりのなかった知識の新しいコンビネーションをつくることである (Nahapiet and Gohshal 1998)。このことは組織のみならず個人のレベルでの知識創造についてもあてはまる。組織を構成し知識創造を担う個人は、フォーマルな組織間関係とは別に、自分の職務を遂行するために組織の外部から知識を吸収しており、学習や知識交換の多くは個人レベルで生じている (Huber and Fitjar 2016)。第 2 章で知識吸収の手段として、「パーソナルネットワーク」「ウエブ」「出版物」「研究会」が利用されていることを示したが、

Huber (2013) が指摘するように、外部知識の吸収源全体を俯瞰し、その中での
パーソナルネットワークの役割や、誰がどのようなコンテキストでパーソナ
ルネットワークを知識吸収のために使うかについては明らかにされていない
ことが多い。書籍や論文、研究会や学会は研究者一般に開かれた知識獲得の
チャネルであるが、パーソナルネットワークは形成される範囲が限定されて
いる。したがって、どのようなチャネルを使って研究者が知識を獲得するか
によって、知識が普及する範囲とスピードに差が生まれると考えられ、知識
源全体の中で、パーソナルネットワークの利用状況を明らかにすることは重
要である。

　また、近年はインターネットの発達によって、ウエブから知識・情報を入
手できるようになった。ウエブはインターネット上で提供されているハイパ
ーテキストシステムで、知識・情報の送り手がインターネット上で一方的に
公開する文書や画像と、匿名の環境下で特定のテーマで議論を行ったり Q&A
を行ったりする仮想空間 (Virtual Community: VC) を含んでいる。これは知識
の送り手と受け手が顔の見えない知識交換を行う手段であり、ウエブの出現
は、パーソナルネットワークを形成せずとも、ネット上の空間で不特定多数
の人が知識交換を行うことを可能にした。しかも近年は検索機能や発信機能
も向上し、利便性も高まっている。そのような時代において、パーソナルネ
ットワークは主にどのような研究者によって利用されているのであろうか？

　「どのような研究者」なのかを分析するにあたり、研究者の能力と移動歴
という意味でのキャリアが影響を与えると考えられる。組織の知識移転に関
する研究によると、知識の獲得（すなわち、知識移転の受け手側）に必要と
される能力には、吸収力と知識を保持する能力がある (Szulanski 1996)。吸収
力は外部の知識の価値を認識し、理解し、利用する能力で、すでに保有して
いる関連した知識の水準に依存している (Cohen and Levinthal 1990)。吸収力と

知識を保持する能力は、組織のみならず研究者個人の知識獲得についても必要であると考えられる。また、パーソナルネットワーク形成の要因に関する研究からは、研究者の組織間移動や国際移動の影響が指摘されている。したがって、本章ではパーソナルネットワークの知識獲得チャネルとしての特徴を示した上で、研究者の能力や移動経験がパーソナルネットワークの利用に与える影響を分析する。そこで始めに、これまでの研究によって、研究者の知識獲得のチャネルについて見出されたこと、パーソナルネットワークの特徴、特にウエブとの違いについて論じられてきたこと、研究者の能力・キャリアと知識交換の関係について指摘されてきたことを整理する。

3.2.　先行研究

3.2.1.　個人の知識獲得のチャネルに関する実証研究

　Anderson, Glassman, and McAfee (2001) は、航空宇宙科学のアメリカのエンジニアとサイエンティストのテクニカルプロジェクトの情報源を調べたところ、「自分のもっているテクニカル情報のストック」を最も多く利用していること、また、「組織内の同僚との会話」、「組織外同僚との会話」、「所属組織にある図書館の文献」、「図書館専門職員または技術情報のスペシャリストへの相談」の順で、利用頻度が少なくなることが明らかとなった。このことから著者は、サイエンティストとエンジニアは、最低努力の原理に従って、情報源との距離が離れるほど利用を減らし、かつ、口頭よりも文書情報の利用を減らすと結論づけた。また、彼らはタスクの性質にも着目し、複雑性があるタスクでは多様な情報チャネルが利用されることを見出した。

　また、先行研究はサイエンティストとエンジニアでは知識獲得の方法が異なることを指摘している (Allen 1977, Pinelli 2001, Engel, Robbins, and Kulp 2011)。

サイエンティストは新しい知識を生み出すプロセスにおいて、自分の研究が先行研究とどう違うか示すために知識を使う。したがって、エンジニアよりも文献（学術雑誌）や図書館を利用する。一方、エンジニアは問題解決のために知識を使う。時間制約を受けているエンジニアは最も容易にアクセスできる知識源を選び、それは組織内の信頼できる同僚である。また、利用する文献は学術誌よりもハンドブック、テクニカルレポートなどが多い。ただし、Wellings and Casselden (2019) は、よりインターネットが発達した 2016 年に調査を行い、サイエンティストもエンジニアも最も良く利用する資源としてオンラインサーチエンジンをあげ、また、最も良く利用する情報ソースは、組織内の同僚で共通しているという結果を導いている。

　同様に、イギリスケンブリッジの IT クラスターにおける R&D ワーカーを対象に知識源に関する調査を行った Huber (2013) も、企業内の同僚とインターネット上の情報が良く利用される知識ソースであることを見出している。彼はさらに、職位による違いと知識の種類による違いも分析している。分析の結果、問題解決のためには、外部のネットワークよりも企業内ネットワークが多く使われているが、知識のアップデートのためには企業内ネットワークよりも外部ネットワークが使われていること、さらに、職位の低い人よりも高い人の方が外部ネットワークを利用していることを見出している。

3.2.2.　パーソナルネットワークとウエブの違い

　知識源としてのウエブとパーソナルネットワークの違いも議論されてきた。ウエブについては、組織や個人が一方的に情報を発信するウエブサイトであっても、特定の目標と関心をもつ人々が集うバーチャルコミュニティ (VC) であっても、関係を維持するコストがかからないという特徴がある (Gang and Ravichandran 2015)。ウエブには誰もが自由にアクセスすることができ、また、

ウエブを使えば地理的距離が離れた見知らぬ人からも知識や情報を入手することができる (Wasko and Faraj 2005, Ambos and Ambos 2009, Ahmed et al. 2019)。さらに、自分は知識や情報を提供せずとも、一方的に提供を受けることも可能である (Chen and Hung 2010, Wasko and Faraj 2005)。ただし、VC 上で、匿名で提供される知識については、その質は保障されないという短所もある (Chen and Hung 2010)。

　一方、パーソナルネットワークでは、コンタクトが知り合いであるため、必要に応じて出会い、対面でのやりとりも可能である。また、パーソナルネットワークを介して吸収される知識は、信頼できるコンタクトと交流していることを前提にするならば、質がある程度保障されている。しかし、パーソナルネットワークを形成し維持するには、関係特殊投資を必要とし、そのための時間と努力というコストがかかる (Chen and Huang 2010, Hansen 1999)。また、VC とは違って、互恵関係で成り立っているため、常に一方的に知識移転を受けられる可能性は低く、時には知識・情報を提供するというお返しをしなければ二者関係は続かない (Chen and Huang 2010, Dorfsma and van den Eijk 2017)。

　さらに、知識普及という観点でもパーソナルネットワークはウエブとは異なる。ウエブは一般にオープンにされているために、知識普及の範囲は広い。そのため、間違った知識が広範囲に広がる恐れもある。一方、パーソナルネットワークは限られた範囲で形成されているために、そこを流れる知識はマクロ的に見れば偏在する可能性があり、また研究者個人の観点から見れば、一定の範囲でのみ利用可能な知識を獲得することでアドバンテージを得られる可能性もある。

　研究者のネットワークとして見えざる大学 (invisible college) の存在が認識されてきた。これは各研究分野において何万人の中から選び出されたわずか数

百名の真に聡明なメンバーから成る非公式な専門グループである (Price 1963)。Matzat (2004) は、みえざる大学は範囲が限定されアクセス機会が制限されているために、コミュニケーション機会の不平等につながっていることを問題視し、ニュースグループやメーリングリストなどのインターネットディスカッショングループ (IDG) が、見えざる大学内の誰ともコンタクトをもたない研究者にとって、情報アクセスの不平等を是正する効果をもつか否かを、イギリスとオランダの大学の研究者を対象に検証した。その結果、IDG は見えざる大学内にコンタクトを持たない人にも有用ではあるが、コンタクトを多くもつ人にとっても同様に有用であるという結論に至っている。

3.2.3. 研究者の能力やキャリアとネットワークの利用との関係

Price (1963) は、上述の見えざる大学 (invisible college) のメンバーは優秀で、互いに出版物のリプリント、進行中の仕事や達成されようとする結果についてのプレプリントを送り影響しあっていることを指摘した。また、Crane (1969) は、社会学の農業イノベーションの普及の研究者を対象にインフォーマルコミュニケーションを分析し、論文の多い研究者が当該研究分野と他の研究分野の両方の研究者と強く結びついていること見出している。論文生産が多い研究者同士がつながっているばかりではなく、彼らはより生産性の低いグループの研究者からもインフォーマルコミュニケーションの相手と名指しされており、大きなコミュニケーションネットワークの中心に位置していることが明らかにされた。その後の研究でも、研究者のネットワークは中心－周辺の構造をもっており、中心に位置する研究者には知識や情報が集まりやすいことが示唆されている (Newman 2004, Barabasi et al. 2002, Wagner and Leydesdorff 2005)。

また、アカデミックエンゲージメントの研究も能力の高い研究者がそれを

行うことを見出している (Perkmann et al., 2013 に要約あり)。アカデミックエンゲージメントとは、大学の研究者が、大学外の研究者と教育や商業化以外の目的で知識を用いた活動を行うことである (Perkmann et al. 2021)。これには、共同研究、委託研究、コンサルティング、インフォーマルなアドバイスの提供などが含まれる。したがって、能力の高い研究者は研究分野の境界のみならず、産学の境界を超えて広いネットワークを形成していると考えられ、能力が知識獲得チャネルとしてのパーソナルネットワークの利用に影響を与える可能性がある。

　また、移動はネットワーク形成の主要なメカニズムとしてしばしば指摘されてきた。移動により場の共有が実現し、出会う機会が増え、経験を共有して同じ規範をもつと信頼が生まれやすい (Gallié and Guichard 2005, Bathelt, Malmberg, and Maskell 2004) [1]。また、移動する人は移動先の新しいコミュニティのメンバーと暗黙知を共有し、社会的、認知的に近い関係になる (OECD2008, Fontes, Videira, and Calapez 2013)。社会的近接や認知的近接は地理的近接を補うため (Agrwal, Kapur, and McHale 2007)、ひとたび関係が構築されると、地理的に離れたとしても社会的な関係は維持される傾向がある (Agrawal, Cockburn, and McHale 2006, Fontes, Videira, and Calapez 2013)。実際に、海外で留学や就業を経験した帰国者は、ホスト国の科学的コミュニティとのコンタクトを維持していることが実証されている (Filatotchev et al. 2011, Scellato, Franzoni, and Stephan 2015)。

　同様のことは国内の転職についてもあてはまる。転職をした人は職場が変わっても以前の同僚とコンタクトをとり続け、それが知識フローの潜在的なチャネルになりうる (Agrawal, Cockburn, and McHale 2006, Lenzi 2010, Kleinbaum 2012)。したがって、国際移動を行う人は知識ブローカーとして重要視され (William 2007, Filatotchev et al. 2011)、また、転職者は知識フローを加速すると

期待されている (Lynn et al. 1993, Lenzi 2010, Almeida and Kogut 1999)。

3.3. 仮説

　次に、どのような特徴をもった研究者が、論文・書籍、学会・研究会という伝統的なチャネルよりも、さらには、急速に利用が拡大し身近なウエブよりも、知識獲得のためにパーソナルネットワーク使うのかという問題について、研究者の能力、キャリアの観点から考察しよう。

　第 2 章で明らかになったように、先端知識と問題解決知識では、研究者の用いるチャネルが異なる。サイエンスという制度においては、共通の知識のストックに真にオリジナルな貢献をした人に認知と尊敬が与えられ、そのオリジナリティはグローバルレベルで評価される (Merton 1973)。また、変化はサイエンスのまさに本質であるため、研究者は時代遅れになる不安を抱えている (Stephan and Levin 1992)。彼らは最近の発展に遅れずについていき、かつ、知識のフロンティアを開拓するために、外部知識を吸収する。この目的で獲得される知識が先端知識である。

　また、サイエンスに取組む過程で、研究者はいくつもの問題に直面する。例えば、彼らはモデルや仮説を組立てながら研究を進めるが、その過程で予想外の結果や理解不能と思われる現象を目にしたり、技術的に困難な壁に直面したりすることは多々ある。そのような場合に問題の原因を特定し、解決するために既存の知識や技術を援用する。特定の問題の解決を目的に獲得される知識が問題解決知識である。本章では先端知識と問題解決知識を分けて考察する。第 2 章で明記したように、知識獲得の主なチャネルには、パーソナルネットワーク、ウエブ、出版物、学会・研究会がある。研究者は複数のチャネルを用いているため、ここでは一番多く利用するチャネルに着目しよ

う。

　研究者の知識交換ネットワークが互恵の関係で成り立っているならば、研究者は自分のもつ知識を他者に提供することなく、一方的に知識提供を受けることはできない。能力の高い研究者は受け手にとって価値ある知識をお返しとして提供できることから、彼らには将来のお返しを期待する研究者がアクセスしてくると考えられる。言い換えれば、彼らはネットワークを形成し維持するコストが相対的に低いと予想される。上述のように、優秀な研究者で構成される見えざる大学の存在が指摘され、また、研究者のネットワークは中心—周辺の構造をもっており、中心に位置する研究者は、論文の多い研究者からも少ない研究者からも、さらには異分野の研究者からもコミュニケーションの相手として指摘されていて、大きなネットワークをもっている。したがって、仮説1が考えられる。

仮説 1：能力の高い研究者ほど知識獲得のためにパーソナルネットワークを一番多く利用する傾向がある。

　次に、移動経験もチャネルの選択に影響を与えると考えられる。国際移動を経験した研究者はかつてのホスト国の研究者と、また、転職を経験した研究者は転職元の組織の研究者と、ネットワークを形成・維持していると考えられ、それらのネットワークを利用すると、現在の勤務先組織のネットワークとは異なる知識を得られる可能性がある。　したがって、移動経験のある研究者はそのアドバンテージを生かして、移動経験のない研究者よりもネットワークによる知識獲得に頼る可能性があると考えられる。そこで、次の仮説2と3が導かれる。

仮説2：海外研究経験のある研究者は、その経験のない研究者よりも、知識獲得のために パーソナルネットワークを一番多く利用する傾向がある。

仮説3：転職経験のある研究者は、その経験のない研究者よりも、知識獲得のために パーソナルネットワークを一番多く利用する傾向がある。

3.4. データと分析モデル

　以上の仮説を検証するために利用するデータは、第 1 章で紹介した「研究者 調査」で得られたものである。仮説1〜3を検証するために以下のロジスティク 回帰分析を行う。

$$y_i* = \alpha_1 + \alpha_2 A_i + \alpha_3 F_i + \alpha_4 M_i + \Sigma_j \alpha_{5j} Z_{ij} + \varepsilon_i$$
$$y_i = 1 \ (y_i* > 0 \ \text{のとき})$$
$$= 0 \ (y_i* \leq 0 \ \text{のとき})$$

　被説明変数は知識獲得のためにパーソナルネットワークを一番多く使って いるか否かを示す二値変数 (NW) で、獲得される知識が先端知識と問題解決 知識に分けて推定する。また、一番多いか否かにかかわらず、パーソナルネ ットワークの利用の有無を示す二値変数（NW 不利用）を用いた分析も参考 までに行う。仮説を検証するための説明変数は「能力 (A)」と「海外経験ダ ミー (F)」と「転職ダミー (M)」である。モデルにはコントロール変数 (Z) と して、性別ダミー、年齢、研究分野を示す 3 つのダミー（工学ダミー、ライ フサイエンスダミー、医学ダミー）、日本人ダミー、長期雇用ダミー、管理業 務ダミー、国研ダミーも含まれている。これらのコントロール変数は研究者

ネットワークの範囲と利用に影響を与える可能性のある変数である。各変数の定義は表 3-1 の通りである。

表 3-1　変数の定義

変数	定義
被説明変数	
先端知識 NW	先端知識獲得のためにパーソナルネットワークを一番多く利用＝1，その他＝0
問題解決知識 NW	問題解決知識獲得のためにパーソナルネットワークを一番多く利用＝1，その他＝0
先端知識 NW 不利用	先端知識獲得のために 3 番目までの知識源としてパーソナルネットワークを利用しない＝1，その他＝0
問題解決知識 NW 不利用	問題解決知識獲得のために 3 番目までの知識源としてパーソナルネットワークを利用しない＝1，その他＝0
仮説検証のための説明変数	
能力	能力 4 項目に関する主成分分析から得られた主成分得点（表 3-2 を参照）
海外経験ダミー	1 年以上の海外での研究経験あり＝1，その他＝0
転職ダミー	国内での転職経験あり＝1，その他＝0
コントロール変数	
性別ダミー	男性＝1，女性＝0
年齢	調査時点での年齢
工学ダミー	研究分野が工学＝1、その他＝0、ただし、研究分野のレファレンスカテゴリーは自然科学
生命科学ダミー	研究分野がライフサイエンス＝1，その他＝0
医学ダミー	研究分野が医学＝1，その他＝0
国研ダミー	勤務先が特定研究開発法人＝1，国立大学＝0
管理業務ダミー	管理業務中心＝1，その他＝0
日本人ダミー	日本国籍＝1，その他＝0
長期雇用ダミー	期間の定めのない雇用＝1,その他＝0

　能力を示すデータとして論文や特許などの業績を用いると、能力が高い（論文や特許が多い）からパーソナルネットワークを利用するのではなく、パーソナルネットワークを利用するから稀少な知識を獲得することができて

論文や特許が多いという逆の因果関係が考えられ、内生性の問題が生じる。そこで、本研究では能力をはかる項目をアンケート調査の中に含め、自己評価による能力尺度を利用した。先行研究は知識移転の能力として吸収力を挙げている。Cohen and Levinthal (1990) は、吸収力は既にもっている関連する知識水準の関数であり、関連する知識には、基礎的スキル、共通の言語、当該分野における最近の科学的・技術的発展に関する知識が含まれると述べている。しかし、Zahra and George (2002) や Michailova and Mustaffa (2012) が指摘するように、その後の様々な実証研究では吸収力の測定に複数の尺度が使われ、また、研究対象に応じてその尺度も多様であった。

　ただし、専門分野の知識とコミュニケーションスキルは、Szulanski (1996) や Matusik and Heely (2005) など多くの研究で用いられている測定尺度であるため、本研究では、各専門分野の知識と研究者にとっての共通のコミュニケーション手段である英語をとりあげて、「同じ専門分野の研究者の平均より優れた専門知識・技術をもっている」と「英語でのコミュニケーション能力に自信がある」を、能力を測る設問項目とした。また、Cohen and Levinthal (1990) が基礎的スキルと述べている事の設問項目には様々な可能性があるが、知識移転の障害に関する研究を行った Sun and Scott (2009) が、説得のスキル、学習能力の欠如が障害になることを見出していることから、「他者に対してうまく説明して理解してもらえる能力に自信がある」「他者の知識・情報を吸収して理解できる能力に自信がある」を設問項目に加えた。これらの 4 つの項目は、研究者が先天的に保有しているか、もしくは、主に教育を受ける過程で高める能力であるため、論文や特許を能力指標とする時のような内生性の問題を避けられると考えられる。以上の 4 つの各項目について 5 段階のリッカートスケール（該当しない =1〜該当する =5）で測った回答を用いて、主成分分析を行ったところ、表3-2 に示されるように、固有値が 1 以上の主成分が

一つ抽出されたため、その主成分得点を能力変数として用いる。

表 3-2　能力に関する主成分分析

項目	第一主成分
同じ専門分野の研究者の平均より優れた専門知識・技術をもっている	0.729
他者に対してうまく説明して理解してもらえる能力に自信がある	0.840
他者の知識・情報を吸収して理解できる能力に自信がある	0.804
英語でのコミュニケーション能力に自信がある	0.724
抽出後の負荷量平方和	2.41
分散の%	60.2%

表 3-3　変数の記述統計量

変数	最低値	最大値	平均値	標準偏差
年齢	27	71	47.44	9.31
性別ダミー	0	1	0.91	0.29
工学ダミー	0	1	0.17	0.37
生命科学ダミー	0	1	0.24	0.43
医学ダミー	0	1	0.06	0.25
国研ダミー	0	1	0.50	0.50
日本人ダミー	0	1	0.97	0.17
長期雇用ダミー	0	1	0.72	0.45
管理業務	0	1	0.10	0.30
転職ダミー	0	1	0.67	0.47
海外経験ダミー	0	1	0.42	0.49
能力	−3.28	2.11	0.00	0.99
先端知識 NW	0	1	0.05	0.23
問題解決知識 NW	0	1	0.28	0.45
先端知識 NW 不利用	0	1	0.52	0.50
問題解決知識 NW 不利用	0	1	0.28	0.45

注）1. N = 955
　　2. 能力の主成分分析はアンケート回答者全員のサンプルを用いて行っ
　　　たため、ロジスティック回帰分析に用いたサンプルに関して能力変数
　　　の標準偏差は1未満になっている。

表3-1に示されるすべての変数に回答した955サンプルの記述統計量は表3-3の通りである。955人のうち、パーソナルネットワークを最も多く利用している人は、先端知識では約5%、問題解決知識では約28%である。反対に、パーソナルネットワークを3番目までの知識源として利用していない人は先端知識の場合は52%、問題解決知識の場合は28%で、パーソナルネットワークは先端知識よりも問題解決知識の獲得のために使われている。海外経験者は42%、転職経験者は67%で、どちらも流動性の低い労働市場や就労のための国際移動が少ない日本の状況からみると、高い割合を示している。

3.5.　分析結果

　表3-4-1は、先端知識と問題解決知識の獲得におけるパーソナルネットワークの優先的利用の分析結果を示している。仮説検証のための被説明変数は、各知識の獲得のためにパーソナルネットワークを最も頻繁に使っているかどうかである。始めに能力の係数に着目すると、先端知識では1%水準、問題解決知識では10%水準でそれぞれ有意にプラスである。したがって、能力の高い研究者ほど知識吸収のチャネルとしてパーソナルネットワークを第一の知識ソースとして使う確率が高い。したがって、仮説1はサポートされた。見えざる大学は研究者のエリート集団であると認識されてきたように、能力の高い研究者はウエブ、学術文献、学会等の利用以上にパーソナルネットワークを知識ソースとして利用する傾向がある。出版までに時間のかかる論文や書籍、開催時期と回数が限られている学会と比べて、パーソナルネットワークは必要な時に新しい知識にアクセスできるという良さがある。またウエブも含めた他のソースよりも暗黙知の伝達に優れている。パーソナルネットワークは他のソースと違って誰もがアクセスできるものではないため、能力の

高い研究者は、出版前の先端知識と、個別の問題にかかわる暗黙知を含んだ問題解決知識を、パーソナルネットワークから吸収するというベネフィットを得ていると考えられる。

　転職ダミーの係数は、問題解決知識の場合についてのみ、10%水準で有意にプラスの値を示している。したがって、仮説 2 は問題解決知識の獲得についてのみ弱いながらサポートされた。すなわち、転職をしても元の職場とのネットワークが維持され、そのネットワークが問題解決知識の知識源になっていると解釈できる。問題を解決するための知識は、問題が発生したコンテキストに特有のもので、特殊性と暗黙性の性質が強いとみられる。そのコンテキストに沿った解決策を見出すためには、広い読者を対象に一般的な記述をした書籍や論文、一般化できる形で発表される傾向のある学会を利用するよりも、問題の起こったコンテキストを理解でき、かつ信頼できる特定の相手に、問題の内容を開示し、特定の問題に沿った具体的な知識の提供を求める方が効率的に問題を解決することができる。その意味で、社会的距離や認知的な距離が近い前の職場の同僚は、問題を理解し信頼できる知識を提供してくれる第一の知識源になっていると考えられる。

　一方、海外経験ダミーの係数は、先端知識の獲得についてのみ 5%水準で有意にプラスである。すなわち、1 年以上の海外での研究経験のある人はそうでない人よりも、先端知識の獲得のためにパーソナルネットワークを最も多く利用する確率が有意に高く、仮説 3 は先端知識についてサポートされた。このことは、問題解決知識以上に、先端知識が海外で生まれる傾向が強いことに原因があると考えられる。論文や書籍で公表される前の先端知識でも、パーソナルネットワークを介して素早く入手することができる。海外経験のある研究者は海外滞在中に形成したネットワークを先端知識の第一のチャネルとして活用していると考えられる。

次に、表3-4-2は、パーソナルネットワーク不利用を被説明変数とした分析結果である。能力、海外経験ダミー、転職ダミーのうち、能力変数だけが先端知識の獲得の場合において有意である。その符号はマイナスで、これは能力の高い人ほど先端知識を獲得するためにパーソナルネットワークを使わない確率が低くなることを意味している。言い換えれば、能力が低い人はパーソナルネットワークを先端知識の第一の知識源とする確率が低いばかりではなく、パーソナルネットワークを先端知識獲得のために全く利用しない確率が高い。以上のことから、能力の高い人にとって先端知識獲得のためにパーソナルネットワークは重要で、それは国境を越えて広がっているとみられる。

　最後に表3-4-1のコントロール変数に言及すると、第一に、長期雇用ダミーが有意にプラスであり、期限の定めのない雇用、すなわち、テニュアのある人は先端知識と問題解決知識を獲得するためにネットワークを第一に使う傾向がみられる。テニュアのある研究者は既に研究成果を評価されており、信頼をベースにパーソナルネットワークを形成しやすいと考えられる。第二に、国研ダミーの係数は先端知識の場合も問題解決知識の場合も有意にプラスであり、このことは、大学の研究者の方がパーソナルネットワークよりも論文・書籍や学会といった伝統的なチャネルを多く利用するのに対して、国研の研究者はネットワークを多く利用する傾向があることを示している。国研では大学よりも同様の研究分野の研究者が多く集まっているため、組織内で知識交換しやすい環境にあることが一因であろう。また、本書の対象とする特定研究開発法人は、産学官の人材、知、資金等の結集する「場」を形成する先導役となることがミッションの一つになっていることも、ネットワークを第一に使う傾向の一因であろう。第三に、日本人ダミー変数は問題解決知識の獲得の場合に5%水準で有意にプラスの係数を示しており、日本人が大多数である研究環境において、外国人はパーソナルネットワークを形成しにく

い可能性が考えられる。第四に、年齢変数の係数は先端知識の場合に 5%水準
で有意にマイナスであり、年齢の高い研究者は、先端知識を交換するために
ネットワークを優先的に使用しない傾向がある。彼らが見えざる大学の輪か
ら離れていく傾向があるのかどうかは、さらなる分析が必要である。

表 3-4-1　パーソナルネットワーク優先的利用の分析結果

説明変数	先端知識 NW		問題解決知識 NW	
	係数 （標準誤差）	限界効果	係数 （標準誤差）	限界効果
定数	−2.879 (1.142)**	0.056	−3.309 (0.754)***	0.037
年齢	−0.040 (0.019)**	0.961	−0.002 (0.009)	0.998
性別ダミー	0.061 (0.505)	1.063	0.471 (0.250)*	1.602
工学ダミー	−0.033 (0.430)	0.967	0.007 (0.211)	1.007
生命科学ダミー	0.269 (0.370)	1.308	0.480 (0.187)*	1.616
医学ダミー	1.203 (0.571)**	3.330	0.262 (0.332)	1.300
国研ダミー	0.558 (0.322)*	1.748	0.440 (0.156)***	1.553
日本人ダミー	0.482 (0.797)	1.620	1.416 (0.632)**	4.121
長期雇用ダミー	0.833 (0.405)**	2.300	0.540 (0.193)***	1.716
管理業務	−0.073 (0.514)	0.929	0.269 (0.240)	1.309
転職ダミー	−0.128 (0.323)	0.880	0.297 (0.164)*	1.346
海外経験ダミー	0.639 (0.314)**	1.894	0.039 (0.157)	1.040
能力	0.552 (0.172)***	1.738	0.137 (0.079)*	1.147
サンプル数	955		955	
カイ 2 乗	29.43***		37.53***	
−2LogL	374.38		1099.89	

注）　***p < 0.01, **p < 0.05, *p < 0.1

表 3-4-2　パーソナルネットワーク不利用の分析結果

説明変数	先端知識 NW 不利用		問題解決知識 NW 不利用	
	係数 （標準誤差）	限界効果	係数 （標準誤差）	限界効果
定数	0.014 (0.526)	1.014	−0.373 (0.559)	0.688
年齢	0.023 (0.008)***	1.023	0.028 (0.009)***	1.028
性別ダミー	0.089 (0.236)	1.093	−0.265 (0.279)	0.767
工学ダミー	−0.038 (0.186)	0.963	−0.042 (0.204)	0.959
生命科学ダミー	−0.102 (0.170)	0.903	−0.488 (0.203)**	0.614
医学ダミー	0.293 (0.299)	1.340	0.251 (0.301)	1.285
国研ダミー	−0.220 (0.139)	0.803	−0.342 (0.158)**	0.711
日本人ダミー	−0.520 (0.397)	0.594	−0.989 (0.413)**	0.372
長期雇用ダミー	−0.311 (0.168)*	0.732	−0.524 (0.184)***	0.592
管理業務	−0.014 (0.227)	0.986	−0.005 (0.252)	0.995
転職ダミー	−0.195 (0.144)	0.823	−0.245 (0.160)	0.782
海外経験ダミー	−0.060 (0.142)	0.942	−0.253 (0.162)	0.776
能力	−0.165 (0.070)**	0.848	−0.108 (0.078)	0.897
サンプル数	955		955	
カイ 2 乗	24.23**		37.82***	
−2LogL	1297.92		1088.24	

注）　***p < 0.01, **p < 0.05, *p < 0.1

3.6.　ディスカッションと結論

　本章では、論文・書籍、学会・研究会、ウエブ、パーソナルネットワークの 4 つのチャネルのうち、先端知識と問題解決知識のそれぞれについて、パーソナルネットワークを最も多く利用する研究者の特徴を、能力と移動のキャリアという観点から、日本の国立大学と国立研究機関に勤務する約 1000 人

のデータを用いて分析を行った。分析の結果、第一に、先端知識よりも問題解決知識を獲得するために、パーソナルネットワークを最も多く利用する人が多いことが明らかになった。論文・書籍、学会・研究会は一般化された知識や形式知化された知識を獲得する上で有用であるが、個別の問題を解決するための知識の獲得には、問題の内容を開示してそれに合った知識を求めることのできるパーソナルネットワークが利用されている。さらに、パーソナルネットワークの方がウエブよりも、信頼でき、かつ、問題の起こったコンテキストを理解できる特定の相手と知識を交換できるために、問題解決知識の獲得ために利用される傾向が強いと考えられる。問題を解決するために研究者同士が個人的に協力し合うことは、結果的に新な知識を生むことになる場合もある。

　また、能力の高い研究者がパーソナルネットワークを利用することも本章で明らかになった。パーソナルネットワークによる知識交換は社会的交換で、それは互恵の規範に基づいて行われる。能力の高い人はお返しの知識提供が容易であるため、互恵の規範があっても、パーソナルネットワークを形成・維持するコストが比較的低いと考えられる。パーソナルネットワークには関係を維持するコストはかかるものの、公表される前の知識やアイデアへのアクセス、論文等では表現しきれない暗黙知の吸収などのベネフィットが得られるために、能力の高い研究者はパーソナルネットワークを利用していると考えられる。表 3-4-1 と表 3-4-2 の結果から、このようなベネフィットは問題解決知識よりも先端知識について大きいとみられる。論文や書籍の場合には出版し流通するまでに時間がかかり、学会の場合は開催時期と回数が限られている。パーソナルネットワークを利用することにより、能力の高い研究者は先端知識の存在を早く知り、新しい知識の創造にそれを生かすことができると考えられる。

認知的近接がネットワークを形成しやすい要因であることや、互恵の規範でパーソナルネットワークが支えられていることを考えると、能力の高い研究者のコンタクトも能力の高い研究者である可能性は高い。こうして1960年代にプライスがその存在を取り上げた見えざる大学と同様に、インターネットが発達した今日においても、能力の高い人たちで形成された知識交換のパーソナルネットワークが存在すると考えられる。ウエブの場合はコストが低く、資金・設備に恵まれない研究者でも利用することができ、上司や同僚に気兼ねなく、匿名で、オンライン上の知識交換を行うこともできる。このためウエブによる知識普及の範囲は広い。これに対して、パーソナルネットワークは実名で限られた範囲で形成されている。したがって、一時的にせよ、パーソナルネットワークでのみ流れる知識があるならば、誰でも利用可能なチャネルを通じて知識が普及するよりも、マクロ的にみれば、知識の普及プロセスにおいて知識の偏在が起こると考えられる。

　本章の結果は、空間と知識の普及との関係をも示唆している。ウエブは地理的制約を受けないが、パーソナルネットワークは地理的に近いところで形成されやすいと論じられてきた (Dahl and Pedersen 2004, Singh 2005, Head, Li, and Minodo 2019)。そのため、国際移動や転職はネットワークの形成や拡張の機会になると予想され、本章では研究者の移動がパーソナルネットワークの利用に与える影響も分析した。その結果、国際移動経験は先端知識の獲得におけるネットワークの利用を、また、国内での転職経験は問題解決知識の獲得のためのネットワーク利用を増やしていることが見出された。Cassi and Plunket (2015) が、ひとたびネットワークのタイが形成されると、社会的近接が地理的、組織的近接を代替すると結論づけたように、研究者の世界では互いに知り合い、ネットワークを形成する上では地理的近接は有用であるが、ひとたびそれが形成されると、インターネット等のテクノロジーの発達によ

り、大きな地理的距離を克服してパーソナルネットワークを維持することが容易になっている。

　すなわち、21 世紀に一層発展したテクノロジーにより、世界的なレベルでのインフォーマルな知識交換が容易になり、知識のスピルオーバー、特に先端知識のスピルオーバーの地理的距離が大きく広がったと考えられる。そして、見えざる大学における知識交換はウエブに代替されるのではなく、むしろ、認知的近接をベースに国境を越えて広がる傾向を強めたのではないかと推測できる。

　以上の分析には民間企業の研究者が含まれていないことは本研究の限界である。大学と民間企業では研究の内容と性質に違いがあることが指摘されている。大学で行われている研究の主な目標は、現存の知識ストックに新しい知識を加え、その知識をできるだけ広く広めることであるが、産業界の研究開発は、知識の所有から派生するレントを増やすことを目標とし、知識を秘匿したり拡散を防いだりすることも多い (Ponds, van Oort, and Frenken 2007)。また、リクルート、インセンティブシステム、意思決定プロセス、価値・規範においても産学には大きな違いがある (Crescenzi, Filippetti, and Iammarino 2017)。さらに、民間企業の研究者の自由度は、大学や公的研究機関の研究者のそれよりも低いことも知られている (Sauermann and Stephan 2010)。そこで外部とのパーソナルネットワークの利用において、民間企業の研究者は大学や公的研究機関の研究者と異なる行動をとる可能性があり、彼らの知識獲得のチャネルに関する分析は今後に残された課題である。

　また、パーソナルネットワーク上のコンタクトとの関係を含む分析も残された課題である。その関係は、タイの強さや、地理的、社会的、認知的、制度的などの様々な距離概念によって分析可能である。この点については次章以降のテーマとして取り上げることにする。さらに、本章では、能力の高い

研究者はパーソナルネットワークを第一の知識源として利用する傾向が示されたが、コンタクトの能力については類推の域をでず、また、コンタクトとの関係についても踏み込んだ分析を行ってはいない。これについては、本書の研究者調査のデータでは分析することができず、今後の課題としたい。

第4章　研究者のパーソナルネットワークの範囲とタイの強さ

　第 3 章では、国際移動経験が先端知識の獲得におけるネットワークの利用を増やし、国内での転職経験が問題解決知識の獲得のためのネットワークの利用を増やすことが示され、ネットワークの形成に、地理的近接が有用であることが示唆された。本章では、研究者のネットワークを対象に、改めて地理的距離がパーソナルネットワークの範囲とタイの強さに与える影響を分析する。また、地理的近接以外にも様々な距離概念があり、その中でも制度的近接のパーソナルネットワーク形成の効果についても検証する。

4.1.　はじめに

　知識の新結合によってイノベーションを生むには、個人や組織の観点からは新しい知識の吸収、社会の観点からは知識の普及が必要になる。市場を介さない知識フローを知識のスピルオーバーと定義すると (Giuri and Mariani 2013) 、先行研究はそれが地理的範囲に制約されることを論じてきた (Döring and Schnellenbach 2006 に要約あり) 。その主な理由として、ネットワークが地理的に近い範囲で形成されることが挙げられている (Dahl and Pedersen 2004, Singh 2005, Head, Li, and Minodo 2019) 。地域内の個人はコンファレンスやセミナー、社会活動を通じて互いに出会う確率が高く、パーソナルネットワークの形成と維持のコストが低い。しかし、知識ネットワークに関するこれまで

の実証研究は、地域や企業単位の分析が中心で、個人レベルのネットワークを対象とした研究は少ない (Huber 2012, Huber and Fitjar 2016)。

　また、個人レベルのネットワークの分析であっても、大規模データを収集しやすい特許や論文の共著関係の分析に偏っている。これについて、Zuccala (2006) は書誌マップがインフォーマルコミュニケーションを表わしていると仮定することには問題があると指摘している。研究者は論文や特許の成果に至らなくても、また、共同研究という形をとらなくても、他の研究者とパーソナルネットワークを介して知識交換を行っており、共同研究や共同発明の有無や回数、特許や論文の引用関係以外の方法で知識交換のパーソナルネットワークをとらえることは重要である。

　さらに、知識吸収のためのパーソナルネットワークは、本当に地理的に近い範囲内でのみ形成されているのかという問題がある。Lin and Wang (2019) は地理的近接によるスピルオーバー効果が観察されなかった先行研究を挙げ、イノベーションにとっての地理的近接に関する実証研究は決着しているとは言い難いと述べている。また、地理的に離れたパートナーからこそ異質で多様な知識を獲得することができ、パフォーマンスが向上することを示している先行研究もある (Berchicci, de Jong, and Freel 2016)。書誌情報を使った研究では、距離が大きいと個人間のコンタクトの機会が限られることが知識フローの障害になると想定されているが (Hoekman, Frenken, and Tijssen 2010, Katz 1994)、遠隔地に新しい知識があるならば、遠隔地の人と意識的にパーソナルネットワークを築くこともありえる。その上、地理的距離以外の、制度的距離、認知的距離、社会的距離などが知識のスピルオーバーに影響を与えるという先行研究もあるが (Ponds, van Oort ans Frenken 2007, Cassi and Plunket 2015, Caragliu and Nijkamp 2016, Crescenzi, Filippetti and Iammarino 2017)、それらの距離とパーソナルネットワークの関係を考察した実証研究も手薄である。

　したがって、第一に、論文の共著者や特許の共同出願人の間には知識フローがあるとみなすという間接的な方法ではなく、個人間の直接的知識フローを対象にして、それが多様な種類の距離の影響を受けているのかを明らかにする必要がある。第二に、距離はほんとうに個人間のコンタクトの機会を減じるのか検証する必要もある。そのような検証は書誌情報のみを使っている限り行うことはできない。第三に、地理的に離れたアクターから吸収される知識と、地理的に近接したアクターから得られる知識が異なる可能性があり、この点を検証することも重要である。

　したがって、本章では、研究者の知識獲得のためのパーソナルネットワークを分析対象とし、距離がネットワークの範囲とタイの強さにどのような影響を与えるのか、その影響は知識の種類によってどのように異なるのか、という課題について、地理的距離と制度的距離を用いて検証する。

4.2.　先行研究

4.2.1.　タイの強さ

　ネットワークを分析する視点として、タイの強さがある。Granovetter (1973) は、タイの強さを「時間の量、情緒的な強度、親しさ（相互信頼）、タイを特徴づける互恵的なサービスの（おそらく線形の）結合である。」と定義している。強いタイと弱いタイはどちらが知識の獲得に役立つのであろうか？これには二つの見方がある。第一の見方は、強いタイで結ばれた二者の関係の強さに着目して、知識フローへのプラスの効果を唱える見解である。すなわち、強いタイで結ばれた二者の間には情愛があり、サポートの動機がある上に (Powell and Grodal 2005, Reagans and McEvily 2003, Hansen 1999, Levin and Cross2004) 、信頼関係があるため、二者は複雑な情報や占有の情報でも安

心して交換しようとする (Rost 2011, Cassi and Plunket 2015)。特に、不確実性がある場合には信頼が情報・知識のフローを促す (Krackhardt 1992)。さらに、強いタイで結ばれた二者は共通の考えやコミュニケーションの方法をもつ傾向があり、これにより知識交換を行いやすいことも強いタイがプラスの効果をもつ原因とみられる (Levin and Cross 2004)。

第二の見方は、ネットワークの構造や二者の社会的距離に着目して、強いタイの知識フローへのマイナスの効果、言い換えれば弱いタイのプラスの効果を強調する見解である。強いタイは凝集的なネットワークに埋め込まれていることが多く、重複した情報源になりがちで新しい情報の獲得には適さない (Powell and Grodal 2005)。ただし、複雑な知識や暗黙知を移転する場合、行動を起こすために確認と複数のソースからの補強が必要な場合には、むしろ凝集的なネットワークに埋め込まれた強いタイが役立つ (Hansen1999, Centola and Macy 2007)。

これに対して弱いタイは社会的な距離の大きいアクターにまで到達することができるため、斬新な知識ソースになる傾向がある (Granovetter 1973, Powell and Grodal 2005, Levin and Cross 2004)。Granovetter (1973) は、弱いタイは自動的にはブリッジにはならないが、あらゆるブリッジは弱いタイであると述べている。

実証研究においては、第一の見方に対応して、タイの強さは情緒的な近さ、コミュニケーションやインタラクションの頻度で測られる場合と、(Hansen 1999, Regans and McEvily 2003, Levin and Cross 2004, Rost 2011)、同一の相手との過去の共同特許数で測られる場合がある (Ponds, van Oort, and Frenken 2010, Lin and Wang 2019)。また、第二の見方については、知識の送り手と受け手の間の最短のパス (geodesic distance) の長さを使って測定される (Hansen 1999, Singh 2005, Cassi and Plunket 2015, Crescenzi, Filippetti and Iammarino 2016)。つ

まり、二者の直接的な関係という意味でのタイの強弱は、インタラクションの頻度や親密さの程度で、また、ネットワーク構造上の社会的距離という意味でのタイの強さは最短のパスの長さを使って測られる。

4.2.2.　交換される知識の性質と地理的距離の関係

　知識の性質が知識移転の効果に影響を与えることを論じた論文は多い。それらの論文では、知識の暗黙性、複雑性が知識移転を難しくしていることが議論されている。暗黙性とは言語化、コード化できない性質であり (Gallié and Guichard 2005)、複雑性とは知識が独立したものではなく相互に依存しあったコンポーネントの一部になっているという性質である (Hansen 1999)。これらの性質を持つ知識を移転するためにはフェイス・ツー・フェイスのインタラクションが役立つ。

　なぜなら、フェイス・ツー・フェイスのインタラクションには 2 つの望ましい性質があるからである (Noorderhaven and Harzing 2009)。一つ目は言葉にならない視覚的な合図を伝える能力であり、場を共有することがこれを可能にする。二つ目は直接的なフィードバックを授受できるという性質で、これが暗黙知や複雑な知識の理解と定着を助ける。さらに、フェイス・ツー・フェイスのインタラクションには信頼形成を助ける働きもある。信頼には認知的な信頼と情緒的な信頼があり (Gallié and Guichard 2005)、前者は論文、学会発表、評判などを通じた評価により形成されうるが、後者が形成され深まるためには、経験や規範の共有が役立つ。Gallié and Guichard (2005) は後者が発展するためには人々が繰り返し出合わなければならないと述べている。したがって、地理的近接は信頼形成を促進することを通じて難しいとされる暗黙知や複雑な知識の移転を可能にすると考えられる。

　その一方で、ローカルではない知識源がイノベーションにとって重要であ

るという認識もある。すなわち、様々な空間的スケールのネットワークを通じて得られる新しい知識、補完的な知識がイノベーションを促進する (Huber and Fitjar 2016)。例えば、Fitjar and Huber (2015) はノルウェー企業に対するアンケート調査の結果から国際的なネットワークがイノベーションのレベルを高めることを実証している。Trippel, Todtling, and Lengauer (2009) は、ウイーンのソフトウエアクラスターにおける実証研究から、クラスター内ばかりではなく、国内、国際レベルの知識リンケージが重要であるという結果を得ている。また、Bathelt, Malmberg, and Maskell (2004) は、地理的近接 により得られる情報の重要性を認めつつ、ワールドクラスのクラスターでさえ、最先端の知識創造に関して永遠に自己充足的ではありえないため、グローバルエクセレンスとパイプラインを構築することができる企業が競争的アドバンテージを得ることができると述べ、グローバルなオープンさと内的凝集性のバランスをとることが重要としている。したがって、近距離（ローカル）から得られる知識と遠距離から得られる知識が異なる役割を果たしている可能性がある。

　そこで、知識のタイプ分けが重要になってくる。上述の暗黙性や複雑性を基準にした分類とは別に、Huber (2013) は知識機能という観点から問題解決のための知識と最近の技術的発展についていくための知識を区別している。これは前章で用いた問題解決知識と先端知識の区分であり、R&D 活動に関してよく用いられる活用 (exploitation) と探索 (exploration) の区分 (March 1991) に対応している。前者は現存の資産の精緻化や活用、後者は新しい技術的発展の探索や発見である。上述の Bathelt, Malmberg, and Maskell (2004) が指摘するように、新しく価値ある知識は、絶えず世界のどこかでつくられているならば探索のためには遠距離のタイが使われている可能性がある。一方、問題解決のための知識は、既存の知識である可能性が高く、低コストで効率的に吸収

できるローカルネットワークが使われている可能性がある。

4.2.3. 多様な距離概念と知識のスピルオーバー

　地理的近接以外にも制度的近接、社会的近接、認知的近接、組織的近接など多様な距離概念がある (Boschma 2005, Caragliu and Nijkamp 2016)。制度的近接はマクロレベルでの制度的フレームワークに関することである (Boschma 2005)。すなわち、個人や組織の行動や関係に影響を与える規範や価値の近さである。これには法律やルールなどの公式の制度と、非公式の文化的規範や習慣が含まれる。社会的近接はミクロレベルでの社会関係資本の類似性のことであり、血縁、友情、経験をベースにした相互の信頼や帰属意識で結ばれたアクター間の距離は近い (Caragliu and Nijkamp 2016)。また、認知的近接は知識ベースや専門性を共有する程度である。さらに、組織的近接は、組織内または組織間のいずれかで、マネジメント上の取り決めの観点からの近さとして定義される (Boschma 2005)。

　先行研究では、これらの近接がタイの形成や知識のフローに影響を与えることや、地理的近接と他の近接概念が代替的関係にあることが実証されてきた (Cassi and Plunket 2015, Singh 2005, Crescenzi, Nathan, and Rodriguez-Pose 2016, Ponds, Oort and Frenken 2007)。例えば、ゲノム特許を分析した Cassi and Plunket (2015) は、地理的、技術的、組織的近接はネットワークのタイを形成する確率に大きな影響をもつ決定要因であるが、ひとたび、タイが形成されると社会的近接が支配し、地理的、組織的近接を代替すると結論づけている。また、Agrawal, Kapur, and McHale (2007) は特許の引用データを用いて知識のフローをとらえ、地理的近接と社会的・文化的近接は知識フローを促進することにおいて代替的であるという結果を得ている。言い換えれば、地理的近接がなくても他の近接で補うことができ、逆に、他の近接を欠いていても地

理的近接で補い、知識フローを促進することができる。

　このことは 1980 年代から関心を集め、現在もなおイノベーション政策の中心に置かれている産学連携の促進に示唆を与える。産と学との制度的距離のために、産学の連携は容易ではない (Sauermann and Stephan 2010, Ponds, van Oort, and Frenken 2007, Subramanian et al. 2013, Bruneel 2010, Crescenzi, Fillippetti and Iammrino 2017)。すなわち、主に大学で行われている科学的研究の主な目標は、現存の知識ストックに新しい知識を加え、その知識をできるだけ広く広めることであり、ファカルティは発見のプライオリティに価値を置いている。しかし、産業界の研究開発は私的知識の所有から派生する利潤を増やすことを目標としているため、企業は知識を秘匿したり拡散を防いだりする。このような制度的距離以外にも、リクルート、インセンティブシステム、意思決定プロセスにおいても産学には大きな違いがあるため、産学連携は容易ではない。しかし、地理的距離によってこのような制度的・組織的距離を補うことができるならば、産学連携は促進される。実際に、過去の実証研究は、産学連携は地理的に近いところで行われる傾向を見出している (Crescenzi, Fillippetti and Iammarino 2017, Ponds, van Oort, and Frenken 2007)。

4.3.　分析のフレームワークと仮説

　前節で論じたように、知識ネットワークの分析視点として、タイの強さ、多様な距離概念、ネットワークを流れる知識の性質が取り上げられ、個別に実証研究も行われてきたが、パーソナルネットワークそのものを研究対象とし、3つの視点を取り入れて、パーソナルネットワークによる知識交換を促進する要因と阻害する要因を包括的に分析する実証研究は行われてこなかった。そこで、本章の全体的な分析のフレームワークを図示すると、図4-1のように

なる。本稿の問題関心は Murakami (2019) に近いが、Murakami (2019) では、制度的距離の考察がなく距離は地理的距離のみである点と、分析に用いた変数に、本研究との違いがある。

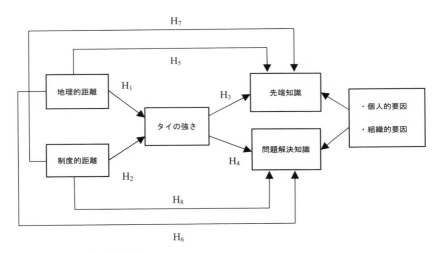

注）　H₁〜H₆は仮説1〜仮説6を表す。

図 4-1　分析のフレームワーク

　まず、距離として地理的距離と制度的距離を取り上げる。地理的距離は知識のスピルオーバーの研究に欠かせない要因であり、また、制度的距離は研究開発の産学連携の政策的視点から重要な要因である。ここでのタイの強さはネットワーク構造上の社会的距離ではなく、直接的なインタラクションの頻度や期間で測定される。地理的距離が短いほど直接的なインタラクションのコストが低いため、仮説 1 を提示する。また、上述のように制度的距離が大きいと、コミュニケーションが難しくなるため、制度的距離については仮

説 2 が考えられる。

  仮説 1：二者間の地理的距離が短いほど、二者をつなぐパーソナルネットワークのタ
       イは強い。
  仮説 2：二者間の制度的距離が短いほど、二者をつなぐパーソナルネットワークのタ
       イは強い。

　知識の種類については、前章と同様に問題解決知識と先端知識をとりあげ
る。前節で論じたように、先行研究において弱いタイのプラスの効果は、ネ
ットワーク構造上で知識の送り手と受け手の間（ノッド間）の最短の距離を
使って測定した場合に主張されており、インタラクションの頻度で測ったタ
イの強さではない。本章で利用するデータはネットワークの全体構造をとら
えるものではなく、アクター間のインタラクションを対象にしているため、
インタラクションの頻度で測ったタイの強さが知識獲得に与える効果を検証
する。インタラクションの頻度は二者の結びつきの強さを表しており、度重
なるインタラクションを通じて二者の間に情愛や信頼が生まれ、かつ、共通
の知識やコミュニケーションの方法を発展させ効率的な知識交換を行うこと
ができると考えられる。その効果は先端知識と問題解決知識の両方にあては
まると考えられ、仮説 3 と 4 を提示する。

  仮説 3：二者をつなぐタイが強いほど、そのタイを通じて先端知識が獲得される確率
       は高まる。
  仮説 4：二者をつなぐタイが強いほど、そのタイを通じて問題解決知識が獲得される
       確率は高まる。

　タイの強さを媒介とせずに、地理的距離と制度的距離が直接的に先端知識と問題解決知識の獲得に影響を与えることも考えられる。Bathelt, Malmberg, and Maskell (2004) が指摘するように、新しく価値ある知識は、絶えず世界の他の部分でつくられている。また、Fitjar and Huber (2015) は海外の研究パートナーから得られる知識はコード化され分析的であるため、長い距離を超えて容易に伝達できると述べている。したがって、地理的距離が離れたアクターとつながるタイは強さをコントロールしても、有意に高い確率で先端知識の吸収のために使われると予想される。反対に問題解決知識は既存の知識であることが多く、地理的に近いところから低コストで入手できると考えられる。その上、問題がローカルであるならば、暗黙性やコンテキスト特殊性を多く含み、むしろコンテキストを共有できる地理的距離の近いアクターから吸収する方が効率的であろう。したがって、仮説 5 と 6 を検証する。

　仮説 5 ：二者の地理的距離が長いほど、二者をつなぐパーソナルネットワークのタイの強さをコントロールしても、そのタイを通じて先端知識が獲得される確率は高まる。

　仮説 6 ：二者の地理的距離が短いほど、二者をつなぐパーソナルネットワークのタイの強さをコントロールしても、そのタイを通じて問題解決知識が獲得される確率は高まる。

　また、産と学の制度的距離は、タイの強さにマイナスの影響を与えるのみならず、その影響をコントロールしても、先端知識と問題解決知識の獲得を妨げると考えられる。なぜなら、Sauermann and Stephan (2010) が実証したように、基礎研究、応用研究、開発のウエイトや研究対象・目的が産と学では大

きく異なり、先端知識と問題解決知識の両方に関して、互いに吸収すべき知識が比較的少ない可能性があるからである。したがって、仮説 7 と 8 を提示する。

仮説7：二者の制度的距離が長いほど、二者をつなぐパーソナルネットワークのタイの強さをコントロールしても、そのタイを通じて先端知識が獲得される確率は低くなる。

仮説8：二者の制度的距離が長いほど、二者をつなぐパーソナルネットワークのタイの強さをコントロールしても、そのタイを通じて問題解決知識が獲得される確率は低くなる。

4.4. 分析モデル

　本章では、仮説1～8を検証するために、第1章で紹介した「研究者調査」で得られたデータを用いる。この調査では、「同じ研究機関の研究者」、「国内の他研究機関（官・学）の研究者」、「海外在住の研究者」「民間企業の研究者」について、それぞれ過去 1 年間に知識・情報交換を最も多く行った人を思い浮かべてもらい、その人との交流の頻度、期間、交換する知識・情報の内容、知り合ったきっかけなどについて質問を行った。各カテゴリーにつき誰も思い浮かばなかった場合は、そのカテゴリーの研究者とのタイが形成されていないとみなした。したがって、4つのカテゴリーのすべてについて研究者を思い浮かべた人は4本のタイ、3つのカテゴリーについて思い浮べた人は3本のタイという具合に、思い浮かんだ研究者のあるカテゴリーの数だけ、タイに関する情報が提供された。

　本研究では、図4-1に示されたフレームワークに基づいて、以下の構造方程

式モデルを推定する。

$$\text{Tiestrength}_i = \alpha + \beta\,\text{Distances}_i + \gamma\,\text{Controls}_i + u_i \qquad (1)$$

$$\text{Logit}(\text{Knowledge}_i) = \delta + \varepsilon\,\text{Tiestrength}_i + \zeta\,\text{Distances}_i + \eta\,\text{Controls}_i + v_i \qquad (2)$$

Tiestrength はタイの強さ、Knowledge は先端知識と問題解決知識の吸収、Distances は地理的距離と制度的距離、Controls はコントロール変数、u と v は誤差項であり、具体的な変数と尺度は表4-1にまとめられている。まず、タイの強さは過去一年間の知識交換の頻度と、交流期間の二通りで計測する。アンケート調査では知識交換の頻度を表4-1 に示された 5 段階で尋ねたため、その回答を交換の頻度とする。この場合は (1) 式 を順序ロジットで推定する。また、交流期間はカテゴリー変数ではなく、実際に交流した年数であり、これを対数変換して (1) 式を最小二乗法で推定する。(2) 式の先端知識と問題解決知識の吸収を示す変数は先端知識ダミーと問題解決知識ダミーである。一つのタイで先端知識と問題解決知識の両方を吸収していることもあり、その場合は、両変数は共に 1 である。反対に、研究・技術のシーズや装置の使い方などの他の知識吸収のためにタイが使われている場合は、両変数は共に 0 である。

　地理的距離の変数は国内研究者ダミーと海外研究者ダミーである。交換相手を、同じ研究機関の研究者、国内の他研究機関の研究者、海外在住の研究者に 3 分類した場合、地理的距離は、同じ研究機関の研究者が一番近く、これをレファレンスカテゴリーとする。日本は島国であり、国外機関との地理的距離はどの国内他機関との地理的距離よりも大きい。したがって、「同じ研究機関の研究者」、「国内の他研究機関（官・学）の研究者」、「海外在住の研究者」の順で、地理的距離は大きくなっていく。また、制度的距離の変数は

民間企業研究者ダミーである。アンケート調査の対象は国立大学と国立研究機関の研究者であり、民間企業の研究者とは制度的距離が大きいとみられ、知識交換相手が民間企業の研究者である場合に 1 をとる民間企業研究者ダミーを制度的距離の変数とする。

表 4-1　モデルの変数

変数	定義
仮説検証のための被説明変数	
先端知識	タイを通じて先端知識が獲得されたならば 1, その他は 0
問題解決知識	タイを通じて問題解決知識が獲得されたならば 1, その他は 0
仮説検証のための説明変数	
国内研究者ダミー	相手が国内の他研究機関の研究者 =1, その他 =0
海外研究者ダミー	相手が海外の研究者 =1, その他 =0
民間企業研究者ダミー	相手が民間企業の研究者 =1, その他 =0
知識交換頻度	過去 1 年間の各相手との知識交換頻度 5 段階：1（年に 1 回），2（年に 2-3 回），3（年に 4 回〜12 回未満），4（1 か月に 1 回以上〜週に 2 回未満），5（週に 2 回以上）
交流年数	各相手と交流を続けている年数の対数
コントロール変数	
性別ダミー	男性 =1, 女性 =0
年齢	調査時点での年齢
工学ダミー	研究分野が工学 =1, その他 =0。ただし、研究分野のレファレンスカテゴリーは自然科学
生命科学ダミー	研究分野がライフサイエンス =1, その他 =0
医学ダミー	研究分野が医学 =1, その他 =0
国研ダミー	勤務先が特定研究開発法人 =1, 国立大学 =0
管理業務ダミー	管理業務中心 =1, その他 =0
長期雇用ダミー	期間の定めのない雇用 =1, その他 =0
転職ダミー	国内での転職経験あり =1, その他 =0
海外経験ダミー	1 年以上の海外での研究経験あり =1, その他 =0
能力	能力 4 項目に関する主成分分析から得られた主成分得点（第 3 章の表 3-2 を参照）

　コントロール変数は性別ダミー、年齢、3種類の研究分野ダミー、国研ダミー、長期雇用ダミー、管理業務ダミー、転職ダミー、海外研究ダミー、研究者の能力である。このうち、転職ダミーと海外研究ダミーは、前章の議論と同様に、移動がネットワークの形成を促進し、知識吸収に特別な効果を与えると考えられるため、モデルに含まれる。移動経験は信頼と情緒的なコネクションに支えられた組織外の強いタイの形成を促進するばかりではなく、複雑な先端知識や暗黙知を多く含む問題解決知識を外部から吸収する際の困難を克服する助けになると考えられる。また能力変数は前章で用いられた能力変数と同じであり、研究者の能力がネットワークの範囲とタイの強さに影響を与えると予想される。

4.5.　分析結果

　変数の記述統計量は表4-2に示されている。タイ全体のうち、先端知識の吸収に使われているのは 61%、問題解決知識の吸収に使われているのは 58%で同程度である。距離を表わす 3 つの変数を見ると、組織内研究者と国内研究者とのタイは約 3 割ずつ、海外の研究者と民間企業の研究者とのタイがそれぞれ約2割である。タイの強さを交流年数の対数値で測ると平均は1.94（約7年）と長く、過去 1 年間の交換頻度で測ると平均は年に 2〜3 回と年に 4〜12回未満の間である。説明変数間の相関係数は紙幅の都合上省略するが、相関が比較的高いのは年齢と交流年数の0.42であり、他はすべて0.4未満である。交流年数対数と知識交換頻度との相関は 0.10 で低いため、本稿ではタイの強さとして両方を説明変数に入れたモデルの結果を提示する。

表 4-2　記述統計量

変数	最小値	最大値	平均値	標準偏差
先端知識	0	1	0.61	0.49
問題解決知識	0	1	0.58	0.49
国内研究者	0	1	0.30	0.46
海外研究者	0	1	0.21	0.41
民間企業研究者	0	1	0.20	0.40
知識交換頻度	1	5	2.82	1.04
交流年数（対数）	−0.69	3.81	1.94	0.96
性別ダミー	0	1	0.91	0.28
年齢	24	71	47.34	9.27
工学ダミー	0	1	0.17	0.38
ライフサイエンスダミー	0	1	0.24	0.43
医学ダミー	0	1	0.05	0.23
国研ダミー	0	1	0.53	0.50
テニュアダミー	0	1	0.73	0.45
管理業務ダミー	0	1	0.10	0.30
転職ダミー	0	1	0.67	0.47
海外経験ダミー	0	1	0.43	0.50
能力	−3.28	2.11	0.05	0.96

注）N = 3141

　構造方程式モデルの分析結果は表4-3に示されている。本研究では、説明変数と被説明変数が共に同じアンケート調査の結果であるため、コモンメソッドバイアス (common method bias, CMB) が懸念されるが、Herman's single factor test の結果、シングルファクターは総分散の 8%未満で 50%を下回っているため、CMB の影響はないと判断できる。

表 4-3　分析結果

	(1) 知識交換頻度	(2) 交流年数	(3) 先端知識	(4) 問題解決知識
年齢	−0.011 (0.006)**	0.040 (0.002)***	−0.027 (0.006)***	0.002 (0.006)
性別ダミー	−0.194 (0.162)	−0.087 (0.070)	0.254 (0.171)	−0.016 (0.162)
工学ダミー	−0.084 (0.128)	−0.013 (0.049)	−0.298 (0.140)**	−0.207 (0.144)
ライフサイエンス ダミー	−0.228 (0.119)*	−0.098 (0.045)**	0.240 (0.129)*	0.151 (0.127)
医学ダミー	−0.583 (0.265)**	−0.247 (0.108)**	−0.131 (0.236)	0.173 (0.225)
国研ダミー	0.343 (0.093)***	−0.065 (0.037)*	−0.023 (0.105)	−0.039 (0.106)
長期雇用ダミー	0.031 (0.114)	0.197 (0.048)***	0.053 (0.124)	−0.144 (0.122)
管理業務ダミー	−0.100 (0.166)	0.042 (0.060)	−0.060 (0.168)	−0.217 (0.161)
転職ダミー	0.068 (0.095)	−0.032 (0.039)	0.155 (0.109)	−0.149 (0.112)
海外経験ダミー	0.255 (0.096)***	0.020 (0.037)	0.232 (0.109)**	−0.032 (0.109)
国内研究者	−2.007 (0.085)***	0.212 (0.031)***	0.395 (0.095)***	−0.381 (0.100)***
海外研究者	−3.125 (0.121)***	−0.197 (0.041)***	0.542 (0.124)***	−0.885 (0.120)***
民間企業研究者	−2.638 (0.111)***	−0.559 (0.042)***	−0.577 (0.119)***	−0.857 (0.122)***
能力	0.259 (0.049)***	0.040 (0.020)**	0.027 (0.054)	−0.010 (0.056)
知識交換頻度			0.185 (0.052)***	0.480 (0.058)***
交流年数対数			0.133 (0.050)***	0.126 (0.051)**

注）1. N = 3141, Log Likelihood = −11157.9, AIC = 22451.8
　　2. カッコ内は個体番号でクラスタリングしたロバスト標準誤差
　　3. ***p < 0.01, **p < 0.05, *p < 0.1
　　4. (1) は順序回帰、(2) は OLS、(3) と (4) はロジットによる分析結果である。
　　5. (1) 〜 (4) は定数項を含む

　始めに、仮説 1 と 2 を検証するために、知識交換頻度を被説明変数とするモデルと交流年数対数を被説明変数とするモデルを推定する。組織内研究者に比べて国内研究者の地理的距離は大きく、さらに海外研究者との地理的距離は一層大きいため、国内研究者の係数と海外研究者の係数は有意にマイナスで、かつ前者より後者の絶対値が大きければ仮説 1 が成立するとみなす。表 4-3 の (1) に示されるように、国内研究者と海外研究者の係数は期待通りの

結果を示しており、知識交換頻度でタイの強さをはかると、仮説1は成立する。しかし、タイの強さを交流年数対数で測った表4-3の(2)のモデルでは、国内研究者の係数は1%水準で有意にプラスになっており、組織内研究者よりも地理的距離の離れた国内研究者とのタイが強いという仮説に反する結果となった。これは、国内研究者の中には学生時代からつきあいのある人たちが含まれていることに原因があると考えられる。Head, Li, and Minondo (2019) は教育過程における人間関係が特許の引用関係に影響を与えることを示しており、そのような効果は本論文では交流年数の影響に反映されていると推測できる。一方、海外研究者の係数は予想通りに有意にマイナスであり、組織内研究者と比べて距離が長い海外研究者とのタイは交流年数で測っても相対的に弱いといえる。

制度的距離はタイの強さにマイナスの影響を与えると予想されるため、民間企業研究者の係数はタイの強さを被説明変数とするモデルにおいて有意にマイナスになることが期待された。表4-3の(1)と(2)に示されるように、期待通りの結果が得られ、二者間の制度的距離が短いほど、二者をつなぐパーソナルネットワークのタイは強くなるという仮説2は支持された。

次に、タイの強さと先端知識もしくは問題解決知識との関係に関する仮説3と4については、知識交換頻度と交流年数対数の2つの変数を用いて検証した。表4のコラム(3)と(4)に示されるように、被説明変数が先端知識でも問題解決知識でも両変数は有意にプラスで仮説3と4は立証された。

仮説5と6は表4-3のコラム(3)と(4)の国内研究者と海外研究者の係数で判断される。コラム(3)の先端知識の場合に両変数は1%水準で有意にプラスであり、かつ地理的距離の大きい海外研究者の係数の方が国内研究者の係数よりも大きい。したがって、二者の地理的距離が長いほど、二者をつなぐパーソナルネットワークのタイの強さをコントロールしても、そのタイを通じ

て先端知識が獲得される確率は高まるという仮説 5 はサポートされた。また、問題解決知識の場合は、両変数は有意にマイナスで、しかもその絶対値は海外研究者の方が国内研究者よりも大きい。したがって、二者の地理的距離が短いほど、二者をつなぐパーソナルネットワークのタイの強さをコントロールしても、そのタイを通じて問題解決知識が獲得される確率は高いという仮説 6 も立証された。

　仮説 7 と 8 は表 4-3 のコラム (3) と (4) の民間企業研究者の係数で判断される。コラム (3) と (4) の両方において、民間企業研究者の係数は有意にマイナスであり、産学の制度的距離がある場合に、タイの強さの影響をコントロールしてもさらに、先端知識と問題解決知識の両方の吸収が抑制される効果が見られる。したがって、仮説 7 と 8 もサポートされた。

　最後に、主なコントロール変数の影響を見ると、年齢がタイの強さに影響を与えている。すなわち、年齢が高いほど知識交換頻度は少ないが、長い交流年数がそれを補っている。年齢が高まると先端知識の吸収確率は下がるが、問題解決知識の吸収は年齢に影響されない。研究分野の違いも見られる。自然科学をベースとすると医学とライフサイエンスでは、知識交換頻度で測っても交流年数で測っても弱いタイが観察される。この影響で先端知識と問題解決知識の組織外からの吸収は少なくなるが、その影響を除くと、ライフサイエンスの研究者はパーソナルネットワークを先端知識の吸収に使う確率が高い。さらに、海外経験は知識交換頻度を増やして先端知識の吸収を増やす上に、タイの強さの影響を除いても、パーソナルネットワークを先端知識の吸収に使う確率を高める。能力は知識交換頻度と交流年数対数のいずれで測ってもタイの強さにプラスの影響を与える。能力の高い人は他の研究者と強いタイを築く傾向があり、その強いタイを通じて先端知識と問題解決知識を多く獲得しているが、その効果を除くと、能力が高い人の方が低い人よりも

先端知識や問題解決知識を獲得する強い傾向はみられない。

　本研究で注目すべき結果は、地理的距離が先端知識と問題解決知識に与える影響の違いである。図4-2は表4-3に基づいて地理的距離と制度的距離の効果をまとめたものである。

　国内研究者の場合も海外研究者の場合も、先端知識に対する直接的効果は有意にプラス、問題解決知識に対する直接的効果は有意にマイナスで、しかも、距離が大きい海外研究者の方が国内研究者よりも絶対値が大きい。このことは、図4-2において、先端知識に直接つながる矢印に添えられた係数はプラス、問題解決知識に繋がる矢印にそえられた係数がマイナスであり、しかも国内研究者（上段）よりも海外研究者（中段）の場合に係数の絶対値が大きいことによって示されている。

　すなわち、地理的距離がタイの強さに与える効果とは別に、距離の大きいタイは小さいタイよりも先端知識の吸収のために使われ、逆に距離の小さいタイは大きいタイよりも問題解決知識の吸収に使われる確率が高い。これは、先端知識が絶えず世界のどこかでつくりだされている (Bathelt, Malmberg, and Maskell 2004) からであろう。一方、暗黙性やコンテキスト特殊性を多く含む研究上の問題解決のための知識は、コンテキストを共有できる地理的範囲内に多く存在すると考えられる。

　さらに、知識交換の頻度で測ったタイの強さが、先端知識と問題解決知識の獲得に与える効果の大きさにも違いがある。強いタイは先端知識と問題解決知識の両方の吸収確率を高め、その強いタイの形成に距離の近さがプラスの影響を与えるため、距離の小さいタイがタイの強さを介して、問題解決知識のみならず、先端知識の獲得にもプラスの効果をもつ。

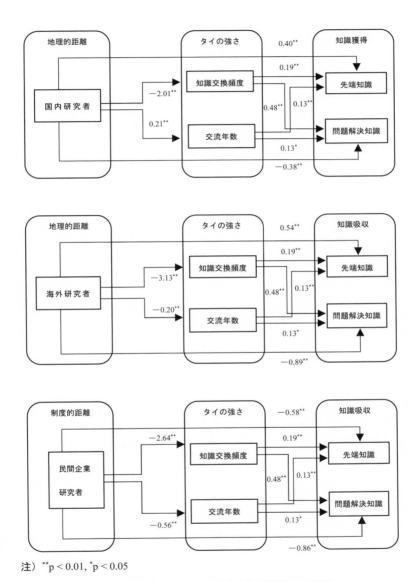

注）$^{**}p < 0.01, ^{*}p < 0.05$

図 4-2　地理的距離のタイの強さと知識獲得への効果

ただし、知識交換頻度の係数は、先端知識 (0.19) よりも問題解決知識 (0.48) を被説明変数とする場合に倍以上の値を示している。先端知識は複雑な知識であるが、形式知として一般化できる傾向があるのに対して、問題解決知識にはコンテキスト特殊性があり暗黙知が重要であることが、問題解決知識の場合に強いタイの知識吸収効果を一層大きくしていると推測できる。研究者は、先端知識獲得のための知識の探索を広い範囲で行う一方で、知識の利用や応用による問題解決を地理的に近い研究者との密な知識交換によって成し遂げていると考えられる。このような問題解決の過程で、新たな知識が生まれることもあろう。

　さらに、本研究の結果で注目すべきことは、タイの強さを交流年数で測った場合には、国内研究者とのタイは、組織内研究者とのタイよりも強いということである。学生時代や以前の勤務先で知り合った研究者との交流が続いている場合に、国内研究者とつながるタイは組織内研究者とのタイよりも強くなる傾向がある。地理的距離は交流頻度を減じるが、組織内研究者よりも地理的に離れた国内研究者とのタイは、長い地理的距離により生じる少ない交流頻度を交流期間の長さで補って用いられている。

　次に、制度的距離について注目すべき結果は、先端知識と問題解決知識の両方に対して、二つのルートを通じてマイナスの影響を与えていることである。第一に、制度的距離は知識交換頻度と交流年数の両方で測ったタイの強さを弱めることを通じて両知識の吸収を抑えている。知識交換頻度については、制度的距離のマイナスの影響 (−2.64) は国内研究者 (−2.01) より大きく海外研究者 (−3.13) より小さいが、交流年数 (−0.56) については海外研究者 (−0.20) よりもマイナス効果は大きく、制度的距離は時間を超えたタイの継続に大きな障害になっているとみられる。第二に、そもそもパーソナルネットワークは制度的距離がある場合には、先端知識や問題解決知識を吸収するた

めに使用されることが少ない。たいていの官学の研究者にとって、産業界は先端知識の知識源にはなっておらず、また、共有できる問題も相対的に少ないとみられる。あるいは共有できる先端知識や問題解決知識があっても、産の知識は守秘義務のため組織外に流れにくいことも原因になりうる。第 2 章で示したように、民間企業の研究者とのタイは先端知識や問題解決知識よりも研究・技術のシーズ探索のために使われている。官学の研究者にとってもシーズは重要であり、また、シーズのレベルであるならば産の研究者もオープンにしやすいと推測できる。

4.6.　ディスカッションと結論

　本研究では、日本の国立大学と国立研究所に勤務する約千人の研究者を対象に、距離がパーソナルネットワークのタイの強さと知識の獲得に、なぜ、どのような影響を与えるのか、その影響は知識の種類によってどのように異なるのかという課題について、複数の距離概念を用い、かつ、知識の種類別に詳細に分析を行った。論文の共著者や特許の共同出願人の間には知識フローがあるとみなす先行研究が多い中で、本研究は、研究者の知識吸収のためのパーソナルネットワークそのものを分析対象とし、タイの強さ、複数の距離概念、知識のタイプというこれまで個別に取り上げられてきた分析視点を取り入れて、総合的に実証研究を行った。

　分析の結果、タイの強さを知識交換の頻度で測ると、二者の地理的距離と制度的距離が短いほど二者をつなぐネットワークのタイは強く、タイが強いほど、そのタイを通じて先端知識と問題解決知識が吸収される確率が高まることが明らかになった。また、タイの強さの効果を除くと、地理的距離は先端知識と問題解決知識に反対方向の効果をもつことも見出された。すなわち、

地理的距離が長いほどそのタイを通じて先端知識が獲得される確率は高まるが、問題解決知識が獲得される確率は低くなる。一方、制度的距離については、タイの強さを弱めることによって、先端知識と問題解決知識の吸収を抑えるうえに、そのタイの強さの効果をコントロールしても、先端知識と問題解決知識の両方にマイナスの効果があることも明らかになった。

　また、本研究はタイの強さを測る指標として、知識交換頻度に加えて交流年数も用いた。前者が過去一年間のインタラクションの回数をカウントした短期的なタイの強さであるのに対して、後者は長期的な観点からみたタイの強さであり、グラノベータの言う情緒的な強度や親しさ（相互信頼）をより強く表わしている可能性がある。後者で測ると国内研究者とのタイは組織内研究者とのタイよりも地理的距離が離れているにもかかわらず強い傾向が見出された。このことはタイの強さを何で測るかは重要であることを示すと同時に、情愛や相互信頼が地理的距離を超えることも示唆している。国内研究者とのタイは学生時代に形成されたものを多く含み、親しさや信頼をベースに先端知識と問題解決知識の両方の知識源になっているとみられる。

　地理的距離の近さが知識交換頻度を高めるという本研究の結果は、クラスター内ではインタラクションが増えると先行研究が仮定したことを正当化する。近年の IT や交通システムのより一層の発達が距離の影響を減じてはいるものの、距離の効果はいまだ健在である。さらに、このようなタイの強さをコントロールした上でもなお、距離がパーソナルネットワークを通した知識吸収に影響を与えており、しかもその影響は知識の種類によって異なることは注目に値する。知識が地理的に遍在し、知識の種類によって価値ある知識が存在するロケーションが異なるために、研究者はあえて地理的距離が大きいタイも利用し、地理的距離が小さいタイと使い分けている。

　また、産学の制度的距離は、タイの強さに与える影響をコントロールした

上でもなお、先端知識と問題解決知識の吸収にマイナスの影響を与えている。本研究の対象となったパーソナルネットワークのタイの約 2 割は産学を結ぶタイであるが、それらは主に、先端知識と問題解決知識の吸収よりも、第 2 章で示したように、研究・技術のシーズ探索のために使われている。学にとって価値ある先端知識と問題解決知識は民間企業に少なく、代わりに研究技術のシーズについては、産の研究者だからこそ提供可能な知識があると考えられる。ただし、シーズ探索が実際の共同研究開発に発展すれば、そのタイは先端知識や問題解決知識のフローに使われる可能性もある。産学連携は、形成確率は低いがひとたび形成されると引用頻度の高い影響力の大きい特許を生み出す確率が高いという先行研究もあり (Crescenzi, Fillippetti, and Iammarino 2017) 、シーズ探索を共同研究開発につなげる実務的支援は重要と考えられる。

　最後に本研究の限界を三点指摘しておきたい。第一に、パーソナルネットワークは距離によって自動的に決まるものではなく、研究者自身が必要に応じて距離を克服して、形成・維持していく能動的なものであることを指摘したが、本章ではタイが形成された経緯を分析に組み入れてはいない。数学者の論文引用により知識フローをとらえた Head, Li, and Minondo (2019) は、教育過程での関係が引用による知識フローに影響を与えることを見出している。また、Fitjar and Huber (2015) はトレードフェアやコンファレンスで知り合った人がパイプラインになることを示している。距離を克服してパーソナルネットワークを形成する経緯の分析は、本書 6 章の課題である。

　第二に、研究分野の違いを考慮した分析を行うことも今後の課題である。本研究では、研究分野は自然科学、工学、ライフサイエンス、医学に分けられてコントロール変数として推定モデルに含まれているにすぎない。研究分野により、距離、タイの強さ、種類別知識の吸収の関係性が異なる可能性が

ある。なぜなら、研究分野によって各国の研究の発展レベルが異なる上に、マテリアルの地域的偏在や国内および海外連携のあり方等に違いがあるからである。また、研究分野ごとに、認知的距離がタイの強さや知識吸収に与える影響を分析することもでき、さらに多様な距離概念の効果の検証につながる。したがって、今後は研究分野別の分析を行うことも重要である。

　第三に、本研究では知識交換のパートナー側の情報には、国内か海外かなどの地域と、勤務先組織が民間企業か否かということのみが含まれ、パートナーである研究者の能力やデモグラフィックについては分析に含まれていない。本研究では、能力の高い研究者は知識交換頻度と交流年数で測った強いタイを形成する傾向が強いことを通じて、先端知識や問題解決知識の吸収確率が高いものの、その効果を除くと、能力の高さは問題解決知識と先端知識の吸収に影響を与えないことが示された。すなわち、本研究でコントロール変数とした能力等が知識交換に与える影響も観察されており、パートナー側の能力を始めとした情報を充実させて分析を行うことも今後に残された課題である。

第5章　研究者の国際移動のパーソナルネットワークへの影響

　第 2 章において、研究者は医師と比べて海外とのネットワークを多く持っていることを指摘した。また、第3章では、1年以上の海外での研究経験のある研究者はそうでない研究者と比べて、先端知識を獲得するためにパーソナルネットワークを第一に利用する傾向が強いことを示した。さらに、第 4 章では、地理的距離の大きい海外研究者とのタイは弱い傾向があるが、先端知識の獲得に役立つことが明らかになった。そこで本章では、形成されにくいが有用である海外研究者とのネットワークを形成するために、どのような施策が有効であるかを考察する目的で、国際移動が海外の研究者とのネットワークの保有に与える影響をより詳しく分析する。

5.1.　はじめに

2016 年 1 月に閣議決定された「第 5 期科学技術基本計画」では、第 1 章において、以下の認識が示されている。

　「まず重視すべき点は、我が国の科学技術イノベーションの基盤的な力が近年急激に弱まってきている点である。論文数に関しては、質的・量的双方の観点から国際的地位が低下傾向にある。国際的なネットワークの構築には遅れが見られており、我が国の科学技術活動が世界から取り残されてきてい

る状況にあると言わざるを得ない。」（文部科学省 2019, p.223）

　さらに、　「第 5 期科学技術基本計画」の第 4 章では、次のように政策の方向が示されている。

　「我が国として、国際的なネットワークを構築し、その強化を図ってくことは喫緊の課題である。そうした中、我が国の研究者等の内向き志向を打破し、海外での活躍を積極的に促すことは、世界の知を取り込み、我が国の国際競争力の維持・強化に資するのみならず、国際的な研究ネットワークにおいて確たる地位や信望を獲得するために不可欠である。・・・・・（中略）・・・・・このため、海外に出て世界レベルで研究活動を展開する研究者等に対する支援を強化する。」（文部科学省 2019, p.241）

　同様に、2021 年 3 月に閣議決定された第 6 期科学技術・イノベーション基本計画でも、論文の量や質で示される日本の研究力の低下を深刻に受け止め、研究の卓越性を高めるために、「多くの研究者が、海外の異なる研究文化・環境の下で研さん・経験を積めるようにし、研究者としてのキャリアのステップアップと、海外研究者との国際研究ネットワークの構築を図る」（p.50）ことを政策の方向として定めている[1]。

　そのための取組みとして、海外特別研究員事業や若手研究者海外挑戦プログラムが実施されている。前者は、優れた若手研究者（博士の学位取得後 5 年未満）を海外に派遣し、特定の大学等研究機関において長期間研究に専念できるよう支援する制度であり（文部科学省 2020, p.162）、後者は博士後期課程の学生等が、将来国際的に活躍できるようにすることを目的に、3 か月〜1 年程度海外の環境のもとで海外研究者と共同して研究に従事できるように、滞在費等を支給するプログラムである。さらに、大学院生を対象とした事業

には、文部科学省の海外留学支援制度もあり、これは世界の最先端の教育研究活動を行っている海外の大学等で、日本の学生が学位を取得できるように、奨学金や渡航費を支援する制度である。

　しかし、図5-1に示されるように、1か月（30日）を超える中・長期の研究者の海外派遣は伸び悩んでいる。すなわち、1993年の3847人から2000年の7674人まで増加したが、その後は減少し、2005年以降コロナ前まではほぼ4000人台で推移していた。2011年と2012年に一時的に増加したのは、平成21年度の一般会計補正予算により研究者海外派遣基金を設置し「組織的な若手研究者等海外派遣プログラム」を実施したことによる[2]。ただし、このプログラムは平成24 (2012) 年度以降も公募を予定していたが、平成21年度第一次補正予算の事業に係る執行の見直しにより、平成23 (2011) 年度の単年度で公募を終了してしまった[3]。そこで、国際研究ネットワークの構築における海外派遣の重要性を認識するためには、国際移動と知識交換ネットワークの関係を分析することが重要である。

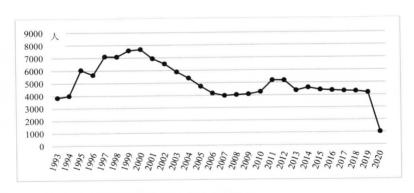

資料出所：文部科学省「国際研究交流の概況」
https://www.mext.go.jp/content/20200826-mxt_kagkoku-000009618_02.pdf

図 5-1　海外への中・長期派遣研究者数

一般的に国際移動は移動する人の人的資本投資の機会であると同時に、社会関係資本であるネットワーク形成の機会でもあるとみられている (OECD 2008, Scellato, Franzoni, and Stephan 2012)。移動先のコミュニティの人々と知り合い、繰り返し出合う中で生じる信頼関係や価値・文化への理解がネットワーク構築の基盤となると期待されている。しかし、次節以降で詳しく論じるように、研究者の国際移動と国際的ネットワークの関係についての実証研究には課題がある。そこで、研究者の国際移動と国際的なネットワークとの関係について、これまでどのような実証研究が行われてきたのかをレビューし、さらに、日本の研究者のデータを使って、この関係を検証し、国際移動をサポートする政策について考察する。

5.2.　先行研究

　研究者のネットワークに関する研究は、書誌情報や特許情報を使って共同研究ネットワークを分析するものが多い。それらの研究では、研究者のネットワークはスモールワールド、優先アタッチメント、中心-周辺の構造的特徴があることや (Newman 2004, Barabasi et al. 2002, Wagner 2005)、研究者間の地理的、技術的、社会的、制度的、組織的距離が、共同研究の実施に影響を与えることが見出されてきた (Hoekman, Frenken, and Tijssen 2010, Paier and Scherngell 2011, Cassi and Plunket 2015, Agrawal, Cockburn, and McHale 2006, Bresch and Lissoni 2009)。しかし、研究者の国際移動と国際ネットワークの関係を分析した実証研究は非常に少ない。書誌情報から移動経験を把握するのが難しいことにその原因があると考えられる。
　そのような中で、Petersen (2018) は、名前や引用情報をもとに特定のアルゴリズム使って、研究者の移動のヒストリーを追うことに成功している。アメ

リカ物理学会のジャーナルに 1980 年〜2009 年の間に 10 本以上の論文を発表した 2 万 6 千人を超える物理学者について、傾向スコア・マッチングの分析手法によって、国際移動経験のある人はない人よりも、国際共同研究の相手国が多様であることや、研究成果がより多く引用されることを見出している。

　また、Scellato, Franzoni and Stephan (2015) は 16 か国（日本を含む）の総勢 1 万 9 千人を超える研究者について、Web of Science の書誌情報と 2011 年に行ったアンケート調査の結果を用いて、国際移動と国際共同研究との関係を分析した。外国生まれ、帰国者、ネイティブに対象者を分類し、外国生まれの中の 40%以上が母国にいる研究者と国際共同研究を行っていること、外国生まれと帰国者はネイティブよりも国際共同研究の相手国の数が多く、より広い国際共同研究ネットワークを保有していることを見出している。また、このような外国生まれのネットワーク効果は、サイエンスの強い国から来た科学者の方が弱い国から来た科学者よりも強いことや、大学、大学院の時期に移住するよりもポスドクや職に就いてから移住する方が強いことも明らかにされている。

　さらに、Melkers and Kiopa (2010) は、アメリカの 150 のリサーチ大学に勤務するサイエンティストとエンジニア約 1500 人を対象にしたアンケート調査を 2006-2007 年に行い、外国生まれの人はネイティブよりも海外に共同研究者をもつ傾向があること、逆に、海外で博士号をとったアメリカ人は海外に共同研究者をもたない傾向があることを見出している。

　日本人研究者については Murakami (2014) が、ハーバード大学やマサチューセッツ工科大学 (MIT) で研究してから帰国した日本人を対象に、Web of Science の書誌情報を使って、在米中の共同研究ネットワークのタイが帰国後に維持される条件を分析した。約 1700 本のタイのうち帰国後に維持されたのは 1 割程度で、在米中の共同研究のパートナーが在米日本人研究者であるこ

と、在米中の共同論文数の多いパートナーであること、日米間の発展格差が小さい分野の研究であることが、それぞれタイの継続確率を高めることを見出している。

　以上の研究はすべて国際共同研究ネットワークを分析しているのに対して、少ないながらも共同研究に限定せずに知識交換ネットワークを分析した研究も存在する。Fontes, Videria, and Calapezy (2013) は、ポルトガルの主要な研究センターで働く科学者を対象に、2009-2010 年にアンケート調査を行った。そこで得られた約 350 人の回答によると、1 年以上の海外経験のある科学者の方がそうでない科学者よりも海外組織とのコンタクトをもつ傾向がある。また、過去に滞在した組織とのネットワークを維持する条件に関する分析では、滞在した海外の場所がヨーロッパの場合は維持する確率が高まることも見出されている。また、宮本 (2019) はアンケート調査により、日本の民間企業 10 社に勤務する約 700 人の研究者について、仕事上の知識・情報交換ネットワークのデータを収集し、学会を含む海外出張は海外ネットワーク保有の確率を高めるが、海外赴任にはその効果がないという結果を導いている。

　以上の先行研究を見ると、国際移動を経験した研究者が他の研究者に比べて海外ネットワークを保有するのは当たり前とは言えないことがわかる。海外在住のときに形成されたネットワークのタイは帰国により消滅する可能性があり、また、その研究者がどの国の国民なのか、どのような組織に所属しているのか、いつ、どこに移動したのかによっても維持される可能性が異なる。したがって、日本の政策を議論する際には、日本を対象にした研究が必要である。日本人が内向き志向であるかどうかは定かではないが、英語が母国語ではないという語学の壁があることに加え、国境を接している国がないという地理的特徴もあることから、日本人研究者が他国の研究者とは異なる行動をとる可能性もある。したがって、エビデンスベースの政策策定にとっ

て、日本人研究者を対象にした研究は重要であろう。

　また、先行研究には国際共同研究ネットワーク以外の知識交換ネットワークを分析した研究が少ないという問題もある。第 5 期および第 6 期の科学技術基本計画が目指している国際的なネットワークとは、国際共同研究ネットワークに限定されたものではなく、世界の知を取り込むことのできる広い意味でのネットワークであるが、知識源としての研究者のパーソナルネットワークと国際移動との関係については、実証研究がほとんど行われていない。

　また、単に国際的なネットワークにアクセスするということだけではなく、上述のように、「国際的な研究ネットワークにおいて確たる地位や信望を獲得する」ことが目指す方向である。このことは、学術的な文脈では、ネットワークの中で強いタイを築くことと考えられる。Granovetter (1973) によると、アクターをつなぐタイの強さは、両当事者が関係に費やした時間の量、感情的な強さ、親しさ（相互信頼）、互恵的なサービスによって決まる。弱いタイは社会的な距離の大きいアクターにまで到達することができるため、新しい知識・情報のソースになりやすいが、Hansen (1999) は、多国籍企業の製品開発プロジェクトのサーベイデータを使って、インタラクションの頻度と親密さで測った弱いタイは、複雑な知識の移転には適さないことを実証した。ただし、ここで定義された複雑な知識とは、コード化の程度が低く、相互に依存したコンポーネントの一部になっている知識である。

　また、Rost (2011) はドイツの自動車産業で特許を保有している発明家に関する分析により、コンタクトの頻度や情緒的な近さなどで測った強いタイがなければ、たとえ Burt (1992) が概念化した構造的隙間 (structural hole) のあるネットワークでも、引用の多い革新的な発明を生み出すことはできないが、強いタイはたとえリダンダントなネットワークに組み込まれていても、革新的な発明を生み出す可能性を高めることを示した。同様に、McFadyen,

Semadeni, and Cannella (2009) は、大学の生物医学の研究者のネットワークを分析し、過去の共著回数で測った強いタイは、インパクトのある知識を創出する確率を高め、特に、凝集性の低いまばらなネットワークで強いタイをもつとその確率が一層高まるという結果を導いている。

　Murakami (2014) を除くと、国際移動とパーソナルネットワークの関係を分析した先行研究の中で、タイの強さの視点は見られないが、本研究では上記の理由で重要だと考えられるタイの強さの視点も加えて、日本人研究者の国際移動と知識交換ネットワークの関係を分析する。

5.3.　仮説

　第 4 章で論じたように、地理的距離は知識交換と関係している。地理的距離が大きくなると、フェイス・ツー・フェイスのインタラクションを実現するためにコストがかかり、その機会が減少する (Hoekman, Frenken, and Tijssen 2010, Cassi and Plunket 2015, Agrawal, Cockburn and McHale 2006, Bercovitz and Feldman 2011)。フェイス・ツー・フェイスのインタラクションの機会が減ると、暗黙知の移転が困難になったり (Gertler 2003, Bathelt, Malmberg, and Maskell 2004)、共同研究においては、コンフリクトの発生、モニタリングの欠如、興味の乖離が発生しやすくなったりする (Hoekman, Frenken, and Tijssen 2010)。移動は地理的距離が離れていた人たちの距離を縮める機会であり、本来出会う機会のなかった人たちの間でインタラクションを起こし、知識交換ネットワークを形成する機会を提供すると考えられる。

　さらに、地理的近接は一般的に、制度的近接、認知的近接、社会的近接とも相関している (Fontes, Videira, and Calapez 2013)。これらの近接は地理的に近い環境下で起こりやすく、その類似性・共通性のために知識移転を容易に

する。海外の研究者とは地理的に離れ、一般的に制度や価値・規範、言語を
異にするため知識交換は容易ではない。しかし、海外で研究を行った経験の
ある研究者は、他の日本の研究者と比べて、かつてのホスト国の研究者と制
度的、認知的、社会的に近い関係にあると予想され、海外ネットワークを形
成している可能性が高い。

　また、英語のスキルや異文化適応力を高めていれば、かつてのホスト国ば
かりではなく、その他の国の研究者とも知識交換ネットワークを構築するこ
とも可能であろう。さらに、ホスト国の研究者と過去に共通の経験を重ねた
ことによって、信頼関係を築き、知識交換ネットワークの強いタイを形成す
ることもできると考えられる (Bathelt, Malmberg, and Maskell 2004, Gallié and
Guichard 2005)。

　確かに、帰国によってホスト国の研究者との地理的距離は大きくなるが、
Kleinbaum (2012) は、一般に信頼と情緒的なコネクションが変わるには時間を
要するため、ネットワークのタイは形成されるよりも切れるまでに長い時間
がかかると述べている。したがって、海外での研究経験のある研究者はその
経験のない研究者よりも、海外の研究者との知識交換ネットワークを保有し、
かつ、知識交換ネットワークにおいて強いタイを保有する傾向があると考え
られる。

　しかし、前節で論じたように、先行研究の中には海外移動経験がネットワ
ークの保有に影響を与えないという結果を示したものもあることから、海外
との知識交換ネットワークの形成・維持に寄与する国際移動以外の要因をコ
ントロールして国際移動の効果を検証する必要があろう。他の重要な要因と
して考えられるのは、第3章と4章でも取り上げた研究者個人の能力である。
能力は国際移動とも関係する可能性があり、この変数の欠落は内生性の問題
を引き起こす恐れがある。

さらに、研究環境も海外ネットワークの保有に影響を与え、コントロールすべき要因であろう。Murakami (2014) は、MIT もしくはスタンフォードで研究を行い帰国した日本人研究者のうち、民間企業の研究者は大学の研究者よりも共同研究ネットワークのタイを維持しない傾向を見出している。このことは、Sauermann and Stephan (2010) が指摘するように、民間企業の研究者は大学の研究者よりも自由度が低いために、タイを維持したくてもできないことが原因である可能性がある。

　また、知識マネジメントの研究においては、知識シェアの機会を提供する環境の重要性が指摘されてきた。すなわち、知識シェアの条件は知識をもつ人の能力、モチベーションだけでは不十分で、知識シェアに必要な時間的ゆとり、資金やマテリアル、自律性、場の共有や交流の機会、上司や仲間からの知識シェアのサポートなどの環境が必要である (Siemsen, Roth, and Balasubramanian 2008, Minbaeva 2013, Andreeva and Sergeeva 2016, Llopis and Foss 2016, Foss et al., 2009, Cabrera and Cabrera 2005, Cabrera, Collins, and Salgado 2006)。

　したがって、能力や環境の影響をコントロールすることは重要であり、それらをコントロールした上で、国際移動経験者は海外の研究者とネットワークを保有している確率が高く、しかも信頼をベースにした強いタイを保有することができると考えられる。そこで、以下の仮説 1 と 2 を提示する。

　仮説 1：海外での研究経験のある研究者は、その経験のない研究者よりも、海外の研究者との知識交換ネットワークを保有する傾向がある。

　仮説 2：海外の研究者と知識交換ネットワークを保有している人の中で、海外での研究経験のある研究者は、その経験のない研究者よりも、強いタイを保有する傾向がある。

5.4. 分析モデル

前節で提示した仮説を検証するために、本研究では第 1 章で紹介した「研究者調査」で得られたデータを用いる。その調査には日本国籍をもたない人が含まれていたが、本研究は以下において日本国籍をもつ人に限定して分析を行う。その理由は外国籍の人の保有する海外ネットワークは日本人の保有する海外ネットワークと意味合いや性質が異なると考えられるからである。

仮説 1 を検証するために、海外ネットワークを被説明変数とする階層的ロジスティック回帰分析（モデル 1）を行う。既述のように、研究者の海外ネットワークとして、国際共同研究ネットワークが分析対象になることが多いが、本研究では、海外在住の研究者との知識交換ネットワークを分析する。この変数は海外在住の研究者と調査時点の過去 1 年間に研究に関する知識交換を行ったことがあるか否かで測定されており、ここでいう知識には先端的な科学技術知識、研究・技術のシーズ、直面した研究上の問題を解決する知識、他の研究者・研究機関の研究の動向、装置やデータ利用のノウハウ、研究機関・学会・プロジェクトの運営などが含まれる。また、本アンケート調査でとらえた海外経験とは、1年以上の日本国外での長期の研究経験のことである。回答者の半数は大学に勤務しており、大学では授業があるために 1 年単位でスケジュールをたてることが多いことから、月単位ではなく年単位の最小値として 1 年を採用した。また、言語の壁のあることを考慮すると、赴任先の研究機関である程度落ち着いて研究し、強いタイにつながるような人間関係を築くことのできる期間として、3か月や6か月よりも1年が適切であると考えられる。先行研究の Fontes, Videira, and Calapez (2013) も 1 年以上の海外経験という基準を採用している。

表 5-1　モデルの変数

変数	定義
被説明変数	
海外ネットワーク（モデル 1）	過去 1 年間に知識を交換した海外在住の研究者有り＝1，その他＝0
強いタイ（モデル 2）	海外在住の研究者と過去 1 年間に知識を交換した頻度がほぼ 1 か月に 1 回以上＝1，その他＝0
仮説検証のための説明変数	
海外経験ダミー	1 年以上の海外での研究経験有り＝1，その他＝0
コントロール変数	
性別ダミー	男性＝1，女性＝0
年齢	調査時点での年齢
工学ダミー	研究分野が工学＝1，その他＝0，ただし研究分野のレファレンスカテゴリーは自然科学
生命科学ダミー	研究分野がライフサイエンス＝1，その他＝0
医学ダミー	研究分野が医学＝1，その他＝0
国研ダミー	勤務先が特定研究開発法人＝1，国立大学＝0
エリート大学ダミー	北大，東北大，東大，東工大，名大，阪大，京大，九大＝1，その他＝0
管理業務ダミー	管理業務中心＝1，その他＝0
能力	能力 4 項目に関する主成分分析から得られた主成分得点（第 3 章の表 3-2 を参照）
環境	本章表 5-2 の環境 3 項目に関する主成分得点

　モデル 1 の説明変数は、海外経験ダミー、能力、環境、性別ダミー、年齢、3 種類の研究分野ダミー、国研ダミー、エリート大学ダミー、管理業務ダミーであり、それぞれの変数の定義は表5-1に示されている。このうち、能力に関しては、海外ネットワークの保有と国際移動の両方に影響を与える可能性があるため、国際移動の海外ネットワーク効果を議論する上で、コントロールすべき重要な変数である。本研究では、第 3 章と同じ能力変数（4 つの項目の主成分得点）を利用する [4]。能力変数として論文の量や質が使われることは

あるが、論文の量や質は成果変数でもあり、本研究でそれらを能力変数とすると、海外ネットワークを保有しているから成果が高いという逆の因果関係の可能性が強くなるため適切ではない。したがって、本論文では自己評価による主観的な変数を用いて能力を測っているが、その測定に用いた 4 つの項目は第 3 章で説明したように先行研究に基づいて選択されており、それらのクロンバックの α は 0.77 で十分高く、内的整合性があると考えられる。また、後述のようにコモンメソッドバイアスの問題もなく、本研究の能力変数は適切であると判断できる。

　同様に、環境に関しては、表 5-2 に示される 3 つの項目について 5 段階のリッカートスケール（該当しない=1〜該当する=5）で回答を求め、その回答を用いて主成分分析を行った。固有値が 1 以上の主成分が一つ抽出され、その主成分得点を環境変数の値に利用する。既述のように、知識移転や知識シェアの先行研究では、自律性を与えられていること (Llopis and Foss 2016, Foss et al. 2009, Cabrera, Collins, and Salgado 2006)、上司や仲間が知識シェアをサポートすること (Cabrera, Collins, and Salgado 2006) が環境要因として指摘されている。また、資金や設備も環境要因として重要であり (Siemsen, Roth, and Balasubramanian 2008)、知識交換に必要とされるフェイス・ツー・フェイスのインタラクションを行うためには、移動の費用や遠隔地との通信設備も必要と考えられる。したがって、本研究では「研究内容や方法の選択に大きな自己裁量がある」「研究費・研究設備に恵まれている」「所属組織は外部との知識・情報の交換を奨励している」の 3 項目を用いて研究環境を測定する。

　次に、仮説 2 を検証するために、海外ネットワークを保有している人だけを対象に、タイの強さを被説明変数とするモデル 2 を分析する。Granovetter (1973) のタイの強さの定義に従い、関係に費やした時間の量でタイの強さを測り、海外在住の研究者との過去 1 年間の知識・情報交換の頻度がほぼ月 1 回

以上の場合を強いタイと定義する。本アンケート調査で海外の研究者とのネットワークを保有している人のうち、知識交換の頻度が年に1回の人は4.0%、年2~3回から1か月に1回未満の人は74.5%で、この両者で8割近くを占めている。したがって、これらを上回る頻度で海外の研究者と知識交換を行っていることは相対的にみて強いタイを保有しているとみなすことができるであろう。モデル2の説明変数はモデル1と同じであり、強いタイの有無を被説明変数とする階層的ロジスティック回帰分析で仮説2を検証する。

　以上のことをまとめると、分析のフレームワークは図5-2のようになる。海外ネットワークのタイの保有と強いタイの保有は本研究の被説明変数で、調査時点で測った過去1年間のデータである。ネットワークのタイは刻々と形成されたり消滅したりするため期間を区切らなければならず、本研究ではその期間を回答者の記憶が新しい過去1年間とした。海外経験は1年以上に限定しているため、すべてのサンプルについて、海外へ出発した時点の方がそのネットワークを通じた知識交換が観察された期間よりも前である。

表5-2　環境に関する主成分分析

項目	第一主成分
研究内容や方法の選択に大きな自己裁量がある	0.723
研究費・研究設備に恵まれている	0.714
所属組織は外部との知識・情報の交換を奨励している	0.77
抽出後の負.荷量平方和	1.63
分散の%	54.20%

　コントロール変数はすべて調査時点のデータである。パーソナルネットワーク通じて知識交換を行うかどうかは、海外に出発した時点の状況ではなく、知識交換を行った時点の状況に影響されるからである。コントロール変数の

うち能力は上述の理由により、高い人ほど海外ネットワークを保有する確率が高いと考えられる。ただし、能力は海外ネットワークの保有ばかりではなく、海外経験にも影響を与える可能性がある。なぜなら能力には学校教育過程等で培われ海外に出発する前に保有していたものと海外経験により獲得されたものの両方が含まれる可能性があるからである。民間企業で海外派遣の対象に選ばれるのは優秀な人材である場合が多く（村上 2019）、また、人的資本理論から考えても、能力の高い人の方が投資効率が高く、海外派遣の人材に選抜されやすいことから、能力の高い人の方が低い人よりも海外経験を行う可能性が高いと考えられる。したがって、コントロール変数に能力を入れなければ、元からもっていた能力の効果が海外経験の効果になってあらわれ、海外経験の効果が過大評価される可能性がある。本研究は調査時点での能力を説明変数に含めることにより、元々の能力と海外経験で培われた能力がネットワークの保有に与える影響をコントロールしたうえで、海外経験は社会関係資本を形成しネットワーク保有に影響を与えるかどうかを検証する。

　元々ネットワークを保有していた研究者ほど海外に移動しやすいという逆の因果の可能性については以下のように配慮している。上述のように、すべてのサンプルについて、海外へ出発した時点の方がそのネットワークを通じた知識交換が観察された期間よりも前であり、ネットワークがあったからそれを頼って海外に移動したという因果関係ではない。ただし、観察された知識交換ネットワークが海外出発前から続いていた可能性は否定できないが、その可能性は海外経験の時期とネットワーク観察時期が離れるほど低くなる。しかし、本研究で用いるデータは時系列データではないため限界がある。そのことを認識した上で、コントロール可能な要因をコントロールして、海外経験が海外ネットワークの保有に与える影響を分析する。このような分析方法は第 2 節で紹介した先行研究 (Scellato, Franzoni, and Stephan 2015, Melkers and

Kiopa 2010, Fontes, Videira, and Calapez 2013, 宮本 2019) が用いている一般的な
手法である。

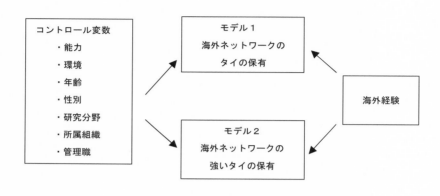

図 5-2　分析のフレームワーク

5.5.　分析結果

　日本人サンプルのうち、モデル 1 の変数についてすべて回答した研究者は
923 人であった。その 923 人に関する記述統計量は表 5-3 に示されている。海
外経験ダミーは平均値が 0.41 であり、1 年以上の海外研究経験のある人の割
合は 41%と比較的高い。海外ネットワークの平均は 0.71 で、1 年以上の海外
経験のない人の中にも海外ネットワークを持っている人はかなり存在する。
また、説明変数間の相関係数は紙幅の都合上省略するが、相関が最も高いの
は能力と環境の 0.38 である。

表 5-3　記述統計量

変数	最小値	最大値	平均値	標準偏差
性別ダミー	0	1	0.91	0.28
年齢	25	71	47.6	9.21
生命科学ダミー	0	1	0.25	0.43
医学ダミー	0	1	0.07	0.25
工学ダミー	0	1	0.17	0.38
国研ダミー	0	1	0.50	0.50
エリート大学ダミー	0	1	0.12	0.32
管理業務ダミー	0	1	0.10	0.31
海外経験ダミー	0	1	0.41	0.49
能力	−3.28	2.11	−0.02	0.99
環境	−3.46	1.75	−0.01	1.01
海外ネットワーク	0	1	0.71	0.45

注）1. N = 923
　　2. 能力と環境の主成分分析は回答者全体 (1004) を対象に行ったために、その
　　　一部である 923 サンプルについては、平均 0、標準偏差 1 にはならない。

　仮説 1 を検証するためのモデル 1 の分析結果は表 5-4 に示されている。本研究では、説明変数と被説明変数が共に同じアンケート調査の結果であるため、コモンメソッドバイアス (common method bias, CMB) が懸念されるが、Harman's single factor test の結果、シングルファクターは総分散の約 9% で 50% を下回っているため、CMB の影響はないと判断できる。始めに、属性変数のみを含んだ表 5-4 の (1) を見ると、国研ダミーとエリート大学ダミーの係数が 5% 水準で有意にプラスである。したがって、国研とエリート国立大学の研究者は他の国立大学の研究者よりも海外ネットワークを保有する傾向があり、しかも限界効果を見ると、エリート国立大学の研究者は他の研究者よりも約 1.9 倍海外ネットワークを保有する確率が高い。また、医学ダミーが 1% 水準で有意にマイナスであり、医学研究は日本人を被験者とする国内研究が多いと、ネットワークが海外に広がらない傾向があるとみられる。

表 5-4　モデル 1 の推定結果

変数	(1) B (S.D.)	(1) Exp (B)	(2) B (S.D.)	(2) Exp (B)	(3) B (S.D.)	(3) Exp (B)
定数	0.439 (0.479)	1.551	0.717 (0.516)	2.049	0.877* (0.526)	2.403
性別	0.049 (0.262)	1.050	−0.096 (0.277)	0.909	−0.120 (0.284)	0.887
年齢	0.005 (0.008)	1.005	0.006 (0.009)	1.006	−0.004 (0.009)	0.996
生命科学 ダミー	0.000 (0.186)	1.000	−0.135 (0.197)	0.874	−0.188 (0.200)	0.828
医学 ダミー	−1.258*** (0.293)	0.284	−1.222*** (0.309)	0.295	−1.379*** (0.316)	0.252
工学 ダミー	−0.157 (0.206)	0.854	−0.049 (0.217)	0.952	0.005 (0.220)	1.005
国研 ダミー	0.369** (0.162)	1.446	0.286* (0.170)	1.331	0.309* (0.173)	1.362
エリート大学 ダミー	0.632** (0.260)	1.882	0.474* (0.273)	1.606	0.536* (0.277)	1.710
管理業務 ダミー	0.438 (0.271)	1.550	0.253 (0.282)	1.288	0.341 (0.288)	1.406
能力			0.496*** (0.089)	1.642	0.427*** (0.091)	1.532
環境			0.370*** (0.085)	1.448	0.373*** (0.086)	1.452
海外経験 ダミー					0.922*** (0.179)	2.515
N	923		923		923	
−2LogL	1074.4		994.8		966.7	
カイ 2 乗	35.99***		115.61***		143.7***	

注)　***p < 0.01, **p < 0.05, *p < 0.10

　次に、表 5-4 の (2) は (1) に能力変数と環境変数を加えたコントロール変数のみの推定結果である。能力変数も環境変数も 1%水準で有意にプラスの係数を有しており、能力の高い研究者ほど海外ネットワークを保有する傾向があり、かつ、知識交換をサポートする環境に置かれた研究者ほど海外ネットワ

ークを保有する傾向がみられる。なお、この 2 つの変数を加えることにより、国研ダミーとエリート大学ダミーの係数は低下し、有意水準を 10%にゆるめた場合に限り有意となる。

さらに、表 5-4 の (3) は仮説検証のための変数である海外経験ダミーを加えた推定結果である。海外経験ダミーは 1%水準で有意にプラスの係数を有し、その限界効果は 2.515 で、海外経験のある研究者は経験のない研究者の約 2.5 倍海外ネットワークを保有している確率が高い。上述のように、能力や環境は海外ネットワークの保有確率を高めるが、その影響をコントロールしても海外経験は海外ネットワークの保有確率を高める結果となり、仮説 1 は海外経験を 1 年以上とした本研究において支持された。

次に、表 5-5 は海外ネットワークを保有している人のみを対象にして、タイの強さを被説明変数としたモデル 2 の分析結果を示している。属性変数のみを含む (1) を見ると、国研ダミーとエリート大学ダミーの両変数は有意ではなく、タイの保有と違ってタイの強さは所属組織の属性に影響されない。(1) に能力変数と環境変数を加えた (2) の結果では、能力変数の係数は 1%水準で有意にプラスであるが、環境変数の係数は有意ではない。能力の高い研究者ほど海外の研究者との強いタイを保有する傾向がみられる。しかし、環境はタイの保有には影響を与えるが、タイの強さには影響しない。強いタイの保有には研究者個人の要因が大きいといえよう。最後に海外経験ダミー変数を加えた (3) の結果を見ると、海外経験ダミーの係数は 1%水準で有意にプラス、その限界効果は 2.354 であり、1 年以上の海外研究経験のある研究者はその経験のない研究者に比べて、海外の研究者との強いタイを保有する確率が約 2.4 倍高い。したがって、仮説 2 も海外経験を 1 年以上とした本研究において支持されたといえる。

表 5-5　モデル 2 の推定結果

変数	(1) B (S.D.)	(1) Exp (B)	(2) B (S.D.)	(2) Exp (B)	(3) B (S.D.)	(3) Exp (B)
定数	−1.754*** (0.636)	0.173	−1.542** (0.650)	0.214	−1.643** (0.664)	0.193
性別	−0.101 (0.338)	0.904	−0.195 (0.345)	0.823	−0.210 (0.349)	0.811
年齢	0.014 (0.011)	1.014	0.010 (0.011)	1.010	0.003 (0.012)	1.003
生命科学ダミー	−0.017 (0.228)	0.983	−0.101 (0.231)	0.904	−0.159 (0.235)	0.853
医学ダミー	−1.323* (0.758)	0.266	−1.426* (0.762)	0.240	−1.563** (0.765)	0.209
工学ダミー	−0.442 (0.289)	0.643	−0.429 (0.293)	0.651	−0.379 (0.297)	0.685
国研ダミー	−0.003 (0.216)	0.997	−0.068 (0.220)	0.934	−0.067 (0.223)	0.935
エリート大学 ダミー	0.303 (0.308)	1.353	0.183 (0.313)	1.201	0.287 (0.319)	1.332
管理業務ダミー	−0.234 (0.326)	0.792	−0.317 (0.330)	0.728	−0.280 (0.335)	0.756
能力			0.453*** (0.120)	1.572	0.367*** (0.122)	1.444
環境			0.047 (0.112)	1.048	0.075 (0.114)	1.078
海外経験ダミー					0.856*** (0.209)	2.354
N	648		648		648	
−2LogL	667.6		648.7		631.3	
カイ 2 乗	8.74		27.62***		45.01***	

注）　***p < 0.01、**p < 0.05、*p < 0.10

5.6.　ディスカッションと結論

　本章は、国際的な研究ネットワークを構築・強化して日本の科学技術を活

性化させることを目指す政策が実施されている中で、研究者の国際移動の海外ネットワーク保有効果と強いタイの保有効果を検証した。研究者のネットワークに関しては、国際共同研究ネットワークと論文や特許の引用関係ネットワークの研究が多い中で、本研究はより広い意味での国際的な知識交換ネットワークについて、日本人研究者を対象に分析を行った。日本の国立大学もしくは特定研究開発法人に勤務し、自然科学、工学、生命科学、医学を専門とする研究者から収集したデータを分析した結果、先行研究では考慮されていなかった研究者の能力や環境の影響をコントロールした上でも、1年以上の海外での研究経験は知識交換の海外ネットワークの保有確率を高めるばかりではなく、そのネットワークの強いタイの保有にも寄与することが明らかになった。海外経験のある研究者は経験のない研究者に比べて、海外ネットワークを保有する確率も強いタイを保有する確率も 2 倍以上高い。

　本研究の結果は、宮本 (2019) が民間企業の研究者を対象とし、学会を含む海外出張は海外ネットワークの保有確率を高めるが、海外赴任にはその効果がないことを示した結果と異なっている。民間企業の研究者の場合は帰任後に海外派遣の経験を活かせる仕事をしているとは限らず、このことが R&D 部門の多国籍企業内派遣の一つの問題になっている（村上 2019）。海外出張の場合は、現行の業務のために海外へ移動することから、帰国後も海外で知り合った人とコンタクトをとり続けることになると思われるが、海外赴任の場合は帰国後に異なる業務に異動すると、海外で築いた関係が不要になることが宮本の結果の一因と考えられる。これに対して本研究の対象とした大学や国研では、研究者個人の自由度が民間企業よりも高く、また、一つの分野の研究を続ける研究者が多いことが、海外経験のネットワーク効果が表れた理由と考えられる。このような民間企業の研究者と大学の研究者の違いは、既述の Murakami (2014) の発見事実とも一致している。したがって、大学や国研

の研究者を海外の大学や研究機関に派遣することを支援する政策は、国際的なネットワークの形成・維持に効果があるといえる。

　さらに、本稿では、研究者の海外ネットワークの保有には研究者の能力と環境も寄与することが見出された。ここでいう能力には専門性の高さだけではなく、理解力・説明力などの基礎的スキルと英語のスキルも含まれており、長期的な学校教育による人材育成の重要性も示唆される。また、本稿の環境には、知識交換の奨励・サポートと、裁量を与えるといった組織マネジメントの要因と、研究費、研究設備などの国の科学技術政策に関連する要因の両方が含まれている。海外ネットワークは地理的距離のために切れやすい性質をもっており、それを維持するためには組織のマネジメントからのサポートが役立つ。海外経験で形成された強いタイを研究者個人が維持したくても、研究における自由度が低ければ、また、知識交流が制限されているならば、そのタイを維持し活用することができないであろう。また、タイの活用には資源も必要で、国際的な研究ネットワークを構築・強化して日本の科学技術を活性化させるためには、国際移動を促進するだけではなく、ネットワーク保有の基盤となる国の研究費の額と配分にも目を向ける必要がある。

　本研究には、以上の学術的貢献と政策的含意があるが、今後の政策策定のために残された課題もある。第一に、本研究ではクロスセクションデータを用いた点に限界があり、今後は個人の時系列データを収集して国際移動、ネットワーク形成、ネットワークの拡大・活用、研究成果の一連の関係を日本のデータを使って精緻に研究する必要がある。

　第二に、より詳細な研究も求められる。既述のように、先行研究では移動先の国によって海外ネットワークの保有に違いが見られたため、本研究においても移動先の国別のダミー変数を加えた分析も行ったところ、詳細は省略するが、国による違いは見られなかった。しかし、海外に移動した時期や期

間に関する分析はデータの欠如により行うことができなかった。ポスドクとしての移動かテニュアのある職についてからの移動か、あるいは、学会などのテンポラリーな移動は効果があるのか、海外派遣は 1 年以上でなければ効果がないのかなどを分析することにより、国際機関や海外の大学等へ研究者を派遣する際に、誰をどの位の期間派遣させるのが望ましいかなどについて、具体的な指針を示すことができるであろう。

　第三に、本研究ではエリート国立大学の研究者が海外ネットワークを保有している確率が最も高く、特定研究開発法人の研究者、その他の国立大学の研究者の順で続いているという結果が得られた。このように、所属組織による違いがみられることから、今後は私立大学、特定研究開発法人以外の国研、民間企業など、より広い範囲の大きなサンプルを用いて検証することも重要である。また、海外とのネットワークの構築については、外国人研究者の受入れの効果も期待でき、日本で研究を行う外国人研究者の海外ネットワークと日本人研究者の海外ネットワークを比較分析することもエビデンスベースの政策につながる課題である。以上の残された課題にはすべて個人で収集できる範囲を超えるデータが必要であり、エビデンスベースの政策を支えるためのデータの整備が望まれる。

謝辞
本稿は村上由紀子 (2020)「研究者の国際移動の知識交換ネットワークへの影響」『研究　技術計画』35 (3) , pp. 357 - 371 を加筆・修正したものである。転載を許可した研究・イノベーション学会に記して謝意を表する。
1) 第 6 期科学技術・イノベーション基本計画は以下を参照（2023 年 3 月 1 日閲覧）。https://www8.cao.go.jp/cstp/kihonkeikaku/6honbun.pdf
2) 文部科学省報道発表資料 p.4 図 1 の注に基づく（2023 年 3 月 1 日閲覧）。

https://www.mext.go.jp/content/220805_mxtkagkoku_000022545_004.pdf

3) 組織的な若手研究者等海外派遣プログラムの趣旨と計画については、日本学術振興会「日本学術振興会・研究者海外派遣基金組織的な若手研究者等海外派遣プログラム平成 21 年度分公募要領」参照。

https://www.jsps.go.jp/file/storage/general/j-daikokai/data/02_kouboyoryo/01_koubo_youryou.pdf（2023 年 3 月 1 日閲覧）。また、平成 21 年度第 1 次補正予算にかかる事業のうち執行を見直す事業については、以下を参照。

https://warp.ndl.go.jp/info:ndljp/pid/11400594/www.mof.go.jp/budget/budger_workflow/budget/fy2009/sy211016_b.pdf（2023 年 3 月 1 日閲覧）。

4) 本章のオリジナルである「研究者の国際移動の知識交換ネットワークへの影響」『研究 技術計画』35 (3), pp. 357 – 371 においては、能力は本章で用いた 4 つの変数に、「他の人から信頼されている」を加えた 5 つの項目で測定していた。その理由は Sun and Scott (2009) が、説得のスキル、学習能力、信頼の各欠如が知識移転の障害になることを見出していたからである。しかし、「信頼されている」ということを「能力」とすることに異論もあったことから本章では、「信頼されている」を除いた 4 項目で測定し、本書の他の章の分析と合わせることにした。5 項目から 4 項目に変更したことにより、クロンバックの α は 0.79 から 0.77 に低下したが、変数の有意性や結論に変化はない。能力の測定に用いた項目を 1 つ減らしたことにより、利用可能なサンプルは 1 つ増加して 923 となった。

第6章　パーソナルネットワーク形成の契機がタイの強さ
　　　　に与える影響　—研究者の産学間ネットワークのケース

　第 4 章において、大学・国研のいわゆるアカデミアの研究者が民間企業の
研究者との間で築くパーソナルネットワークのタイは、アカデミア内のパー
ソナルネットワークのタイよりも弱いことが示された。しかし、第 2 章の表
2-1 では、民間企業の研究者は研究・技術の重要なシーズになっていることも
示され、強いタイも弱いタイもそれぞれの価値をもち、研究者は様々なタイ
を使い分けることが重要であることが示唆された。制度的な距離のある民間
企業の研究者とのネットワークを構築するには、研究者個人のエフォートや
産学をつなぐ仕掛けが必要になる。第 2 章の表 2-3 からは、民間企業の研究者
が知識交換のパートナーである場合には、アカデミアのパートナーの場合よ
りも、知り合うきっかけに共同研究を斡旋する組織の介在が多いことが明ら
かになった。そこで本章では、民間企業の研究者と知り合うきっかけによっ
て産学ネットワークのタイの強さがどのように異なるのかについて考察する。

6.1.　はじめに

　一般に、距離の大きな研究者とのネットワークは形成されにくい。産と学
との間には制度的な距離がある。しかし、大学で生まれた知識や技術を、産
学の共同により新しい製品やサービス、システムとして市場に供給したりプ

ロセスの改良に利用して効率を高めたりすることは、経済成長率と国際競争力を高めることになり、世界的に見ると、1980年代から産学連携が強化され関心を集めてきた。(Rham, Kirkland and Bozeman 2000, Siegel, Waldman, and Link 2003)。日本においても、1998年の大学技術移転促進法、1999年の産業活力再生特別措置法により学と産の間の技術移転と、開発者への知的財産権の帰属の動きが進み（三森2010、Lee 2014）、2004年の国立大学の法人化以降は、産学連携は着実に成果をあげている（文部科学省2020、2022）

　産学連携を推進するために、技術移転オフィスや (Siegel, Veugelers, and Wright 2007) 共同研究センター (Boardman and Gray 2010) などの専門のオフィスが大学の中につくられ、それらの組織は産学間の知識交換ネットワークのタイの形成に一定の貢献を果たしてきたと考えられる。第4章で論じたように、強いタイは複雑な知識の交換や不確実性のある場合の知識交換に強みを発揮する一方 (Rost 2011, Cassi and Plunket 2015, Krackhardt 1992)、弱いタイは社会的な距離の大きいアクターにまで到達することができるために、斬新な知識のソースになりやすい (Granovetter 1973, Powell and Grodal 2005, Levin and Cross 2004)。産学の研究者ネットワークのタイについても、強いタイと弱いタイがあると予想され、そのタイの強さに影響を与える要因は明らかになっていない。産学連携を支援する組織は政策により後押しされて設立されたものが多いため、そのような組織の関与により形成された産学間研究者のタイは、研究者同士が自主的に形成したタイと比べて強いか否かを検証することは、政策の観点から重要である。

　そこで本章では、産学間のパーソナルネットワークのタイの強さを、タイの形成の契機の観点から分析する。特に、産学連携を支援する組織が介在して形成されたタイは研究者同士が自主的に形成したタイよりも強いのかというリサーチクエスチョンに取り組む。

6.2.　先行研究

6.2.1.　アカデミックエンゲージメント

　アカデミック研究者と非アカデミック研究者の知識交換に関連する研究にアカデミックエンゲージメントに関する一連の研究がある。アカデミックエンゲージメントとは、アカデミック研究者が非アカデミック組織と教育や商業化以外の知識関連のインタラクションを行うことと定義される (Perkman et al. 2021)。これには共同研究、委託研究、コンサルティング、インフォーマルなネットワークなどが含まれる。どのようなアカデミック研究者がどのようなコンテキストでアカデミックエンゲージメントにかかわるのかについて、すでにかなりの実証研究が行われてきた。

　それらの先行研究は、アカデミックの研究者個人に焦点を当てて、過去の産業界とのかかわり、能力や生産性、性別や年齢などのデモグラフィック、所属する大学や学部の組織要因、研究分野の影響などを検証した。その結果、過去の産業界との共同研究や共著の経験 (D'Este and Patel 2007, Zhao and Cai 2017) と産業界や公的機関、非営利組織で働いた過去の経験 (Gulbrandsen and Thune 2017, Abreu and Grinevich2013) は、アカデミックエンゲージメントを促進することが見出された。また、実証研究では、科学の面で成果を上げ生産性の高い人や自己効力感の高い人 (Zhao and Cai 2017, Aschhoff and Grimpe 2014)、動員できる研究資金や資源の多い人 (D'Este and Patel 2007) がアカデミックエンゲージメントに従事する傾向があることも明らかにされている。デモグラフィックな観点からアカデミックエンゲージメントを行う確率が高いのは、女性よりも男性 (Zhao and Cai 2017, Tartari and Salter 2015)、アカデミックランクが高い人や経験の長い人であることも見出されている (Zhao and Cai 2017, D'Este and Patel 2007, Aschhoff and Grimpe 2014)。さらに、所属する大学

や企業の組織要因の影響も分析され、学部の産業志向 (Aschhoff and Grimpe 2014, D'Este and Patel 2007) がプラスの効果をもつことが実証されている。

　また、van Rijnsoever, Hassels, and Vandeberg (2008) は、大学の研究者が他の大学の研究者と行う共同と産業界の研究者と行う共同について、インタラクションの強度を比較している。彼らはオランダのユトレヒト大学に所属する約 300 人の研究者にアンケート調査を行い、ファカルティ内、大学内、他大学、産業のそれぞれの研究者と行うコミュニケーション、共同論文、メーリングリストの活動によってインタラクションの程度を測り、それに影響を与える要因を分析した。その結果、他大学の研究者とのインタラクションを促進する主な要因は、独立して新しいアイデアを受け入れイノベーションの意思決定を行う程度、他大学での仕事経験、アカデミックランク（教授、准教授など）、仕事経験年数であることが見出された。しかし、これらの要因はどれも産業界の研究者とのインタラクションには影響を与えないという結果も得られた。産業界の研究者とのインタラクションを促進する主な要因は、過去の産業界での仕事経験、研究分野の変遷と経験であった。

　また、Iglic et al. (2017) は、スロベニアの研究者約 300 人について、同じ組織、他のアカデミック組織、非アカデミック組織（産業や公共組織）、国際的なパートナーのそれぞれと共に研究に費やした時間を被説明変数として各パートナーとのコラボレーションを促進する要因を分析した。非アカデミック組織の研究者との時間共有を増やす要因は、設備や資源のシェアの必要性と過去のコラボレーションの経験であり、反対に減らす要因は、研究グループの構成が同じ研究分野から成っていることであった。

　以上のように、研究者個人を対象としたアカデミックエンゲージメントの研究は進んできたが、アカデミックエンゲージメントに関する先行研究をレビューした Perkmann et al. (2021) は、それを始めたり、やめたり進めたりする

プロセスのダイナミクスについては、我々は何も知らないと述べている。また、産業リエゾンオフィスや政策がどのようにアカデミックエンゲージメントを促進するのかは今後に残された課題であることも指摘している。

6.2.2.　アクター間の関係の構築

　一般的に距離の大きいアクターと出会う確率は低い。研究者が距離を乗り越えてネットワークを形成するきかっけは何であろうか？Freeman, Guanguli, and Murciano-Goroff（2014），はナノサイエンス・ナノテクノロジー，バイオテクノロジー・応用微生物学，素粒子物理学の論文で，少なくとも一人のアメリカの研究者を含む論文の責任著者 (corresponding author) にオンラインアンケート調査を行った。約 3500 の有効回答によると、海外の共同研究者と知り合ったきっかけや関係で一番多かったのは、同じ研究機関のかつての同僚 (41.4%)，であり、研究機関への訪問 (16.4%)，学会・セミナー (16.3%)，メンターと学生・ポスドク (16.1%)，がこれに続いていた。すなわち、かつての同僚と師弟関係を合わせると 6 割近くになり、現在は国境を隔てていても過去には物理的に近い間柄であった研究者の間で国際共同研究が行われていることは注目に値する。

　同様に、Freeman, Guanguli, and Murciano-Goroff (2014) は、途上国からの留学生やポスドクが帰国したことが、国際共同研究の増加に寄与していると指摘している。また、Agrawal, McHale, and Oettl (2013) は、進化生物学の論文を対象に分析し、経年的により多くの研究機関が研究に参加するようになり、機関レベルでの集中度は低下しているが、逆に研究者レベルでの集中度は高まり、スター科学者の論文生産が急増していることを見出している。この原因として著者は、スターが多くの大学院生やポスドクを教育し、その教育を受けた人たちが他の機関に移ってからも共同研究を続けることを挙げている。

このようにかつての師弟や同僚という関係性は距離を超えて共同が行われる要因と考えられる。

　産学間の研究者のネットワークの形成については、既述のように、産学連携をサポートする組織の貢献も見逃せない。日本の場合、産学連携はもともと組織間のフォーマルな関係というよりも大学の教員・研究者と企業の研究者・技術者の個人的な交流に基づいて行われてきた（馬場・後藤 2007、岩田他 2010）。しかし、上述のように、1990 年代後半から 2000 年代前半にかけての一連の制度改革により産学連携推進組織が生まれ、産学間の研究者のネットワークの形成に影響を与えてきた。例えば、産学連携推進組織は、テクノロジー交換フォーラムを開催して、ファカルティの研究の関心と産業のニーズをマッチさせることに貢献した (Lee 2014, Lee 2011) 。そのフォーラムでは、大学の研究者が企業の研究者に研究の関心について語り、対面でのディスカッションを行うことにより、産学の研究者が互いの研究関心を知ることができ、新しい共同研究開発のテーマとパートナーを見出すきっかけになった。

　金澤 (2010) は、大学の技術移転先となる企業やその関係者を最初に見出した者を、端緒を開いた者と呼び、日本大学が 1998 年〜2010 年度の間に締結した 127 件の技術移転契約について、端緒を開いた者を調べた。その結果、約 65%が発明者、約 26%が技術移転機関 (Technology License Organization: TLO) や大学の産学連係部門であった。また、岩田他 (2010) は、東京大学の産学共同研究額の 2004-2008 年の伸びよりも、産学連係本部の運用する産学連携共同創出プログラム (Proprius21) によって創出された共同研究額の伸びが大きいことを示し、「Proprius21 は、従来の企業技術者と大学教員との個人的な関係に基づくものとは異なる共同研究創出過程を構築することで、東京大学の共同研究全体の伸びに大きく貢献していると言える (p.345) 。」と述べている。

　また、長岡・細野・赤池・西村 (2013) は、2012 年に行ったアンケート調査

により、産学連携研究プロジェクトに従事した国立大学の研究者 743 名、企業の研究者 704 名について産学連携のきっかけを調べ、企業研究者の場合は「自ら連絡・照会」が最も多く (56%) 、大学研究者の場合は「企業からの連絡・照会」が最も多い (51%) という結果を得ている。つまり、大学も企業も研究者自身がアポイントをとって産学連携を開始している。ただし、大学の産学連携支援機関をきっかけとして産学連携プロジェクトが形成されたケースも、企業と大学の研究者の両方において 2 割弱存在し、「2000 年代前半に設立されてきた大学の産学連携支援機関が産学連携プロジェクトの形成において一定の役割を果たしてきたことがわかる (p.49) 。」と述べている。

　同アンケート調査の結果をさらに分析した Nishimura et al. (2022) は、パートナーの選択基準（パートナーの研究能力、パートナーの技術分野とプロジェクトの合致、地理的近接など）は、プロジェクトのシーズやニーズの質によって、また、自らがシーズやニーズを持っているかどうかによって異なることを明らかにした。さらに、パートナーの研究能力やパートナーの技術分野とプロジェクトの合致が選択基準であるときには、自己のコンタクトを使ってサーチが行われ、また、地理的近接が重要ではあるが、パートナーの研究能力が重要でないときには、大学の産学連携支援機関が使われていることを見出した。

　以上のように、産学共同研究の開始に産学連携支援機関が一定の役割を果たしてきたことが明らかになっている。本書の対象とするパーソナルネットワークは、第 1 章で定めたように、複数の人々と彼らのパーソナルな関係のセットであり、パーソナルな関係はインフォーマルな個人間のインタラクションを意味しているが、現存のフォーマルな関係に組み込まれていることもある。現在はパーソナルな関係であっても、元々は産学連携支援機関に支えられたフォーマルな関係であったケースもありうる。本章はこのような関係

が形成された契機が、タイの強さに与える影響について考察する。

6.3.　仮説

　前節で論じたように、研究者が組織外の研究者と知り合いネットワークを築くには幾通りかの契機があり、それらの契機は産学のパーソナルネットワークのタイの強さに関係していると推測できる。そこで、学生時代の知り合い（先生、先輩後輩、友人）、かつての職場の同僚や仕事仲間、研究者仲間の紹介、学会での出会い、組織の紹介の5つの契機を考えてみよう。Granovetter (1973) が定義したように、二者の間の情愛や信頼関係、共に過ごした時間がタイの強さを決めているならば、学会の場で短時間に出会うよりも、学生時代の知り合いや、かつての職場の同僚の方が強いタイの形成につながると考えられる。

　また、研究者仲間の紹介で知り合う場合は凝集的なネットワークに組み込まれる可能性が高い。X 氏と Y 氏が学会で知り合う場合には二者の関係で終わる可能性がある。しかし、X 氏と Y 氏が Z 氏の紹介で知り合う場合には三者関係が形成され、X 氏と Y 氏の関係が切れにくくなる。Granovetter (1973) は、最もありえない三者関係 (forbidden triad) として、A と B が強い結びつきをもち、A が C と強いタイをもっているにもかかわらず、B と C の間にはタイがないという状況を挙げている。したがって、Z 氏が X 氏と Y 氏とそれぞれ強いタイをもち紹介者として機能するならば、Z 氏が支えとなって、X 氏と Y 氏の関係は切れにくくなると推察できる。

　また、産学連携支援組織などの共同研究を支援する組織は、産と学の研究者を引き合わせるだけではなく、両者の共同が特許や起業などにつながるようサポートし管理をする (Lee 2014)。したがって、プロジェクトが持続して

いる期間は、組織は産学のタイが切れることなく強く結ばれるように機能すると考えられる。そのため、仲介者もなく学会で知り合った二者よりも、共同研究を支援する組織を介して知り合った二者の方が強いタイを形成していると考えられる。ただし、プロジェクト期間が終了したあとは強いタイが持続するか否かは、研究者同士がプロジェクト期間中に形成する関係に依存していると考えられる。

　以上のことから、産学の研究者が知り合った契機と彼らの間に形成されるタイの強さに関して以下の仮説が考えられる。

　　仮説1：学生時代の知り合いとのタイは、学会で知り合った研究者とのタイよりも強い。

　　仮説2：かつての職場の同僚や仕事仲間とのタイは、学会で知り合った研究者とのタイよりも強い。

　　仮説3：研究者仲間の紹介で知り合った研究者とのタイは、学会で知り合った研究者とのタイよりも強い。

　　仮説4：組織の紹介で知り合った研究者とのタイは、学会で知り合った研究者とのタイよりも強い。

6.4.　分析モデル

　本章では、上記の仮説を検証するために、第1章で紹介した「研究者調査」で得られたデータを用いる。図6-1は分析のフレームワークを示しており、ネットワーク形成の契機として、「学生時代」、「職場関係」、「仲間の紹介」、「組織の紹介」、「学会」を取り上げる。また、タイの強さは、相手とどのような経緯で知り合ったかということだけではなく、アンケート回答者側に知識交

換や知識移転の能力があるか、知識交換や移転を行いやすい環境があるかということやデモグラフィックにも影響されると考えられるため、それらの要因をコントロールする。

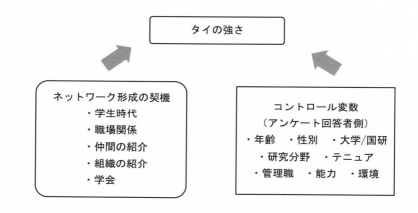

図 6-1　分析のフレームワーク

　被説明変数であるタイの強さは、パートナーとの過去 1 年間の知識交換の頻度（短期的なタイの強さ）と知識交換の継続年数（長期的なタイの強さ）の二つの方法で測定される。本アンケート調査では、知識交換の頻度について、表6-1 に示される 5 つの選択肢の中から最も近い頻度を一つ選択するよう求めた。最頻値が年に 2〜3 回であったことから、一月に 1 回以上の頻度を選択した人は強いタイを形成していると判断し、頻度で測ったタイの強さの分析には、ロジスティック回帰分析を使用する。また、知識交換の継続年数については、アンケート調査時点までのパートナーとの知識交換年数を対数変換した値を用い、最小二乗法による重回帰分析を適用する。

表 6-1　知識交換の頻度

頻度	度数	割合（％）
年に 1 回	14	2.8
年に 2〜3 回	327	64.4
一月に 1 回	133	26.2
一週間に 1 回	22	4.3
週に 2〜3 回	12	2.4
合計	508	100

　説明変数の定義は表6-2に示される通りである。仮説検証のための説明変数は学会での出会いをレファレンスカテゴリーとし、学生時代、職場関係、仲間の紹介、組織の紹介の 4 つのダミー変数である。アンケート調査では、知り合った経緯について、「学生時代の友人、先輩・後輩、先生」、「自分の教え子」、「職場の同僚、元同僚」、「海外赴任中の研究仲間」、「学会・研究会参加」「研究者仲間の紹介」、「研究機関の共同研究の斡旋」、「ネット検索」、「その他」に分類した。これらのうち、「自分の教え子」、「職場の同僚、元同僚」、「海外赴任中の研究仲間」は「職場関係」にまとめた。「ネット検索」と「その他」のみを選択した 16 のサンプルは除外した。また、「学生時代の友人、先輩・後輩、先生」を含む形で複数の選択を行ったサンプルについては、「学生時代の友人、先輩・後輩、先生」が時間的にもっとも古い経緯と考えられるため、他にどのような選択を行っていたとしても、知り合った契機は「学生時代」とした。しかし、それ以外の複数選択に関しては時間的順序付けができないため、除外した。この理由により除外されたサンプルは 46 であった。民間企業に少なくとも一人の知識交換パートナーのいる人は 729 人であったが、分析に必要な変数（表6-2）に関連する問いにすべて回答し、かつ上記の

除外の対象とならなかった研究者は 508 人であり、これらのサンプルを用いて仮説 1〜4 を検証する。

表 6-2　変数の定義

変数	定義
被説明変数	
知識交換頻度	過去 1 年間の各相手との知識交換頻度が一月に 1 回以上 =1,その他 =0
交流年数	各相手と交流を続けている年数の対数
仮説検証のための説明変数	
学生時代	知識交換の相手が学生時代の友人，先輩・後輩、先生 =1,その他 =0
職場関係	知識交換相手が職場の同僚，元同僚，自分の教え子，海外研究中の研究仲間 =1，その他 =0
仲間の紹介	知識交換相手と知り合った経緯が研究者仲間の紹介 =1,その他 =0
組織の紹介	知識交換相手と知り合った経緯が研究機関による共同研究の斡旋 =1，その他 =0
コントロール変数	
性別ダミー	男性 =1，女性 =0
年齢	調査時点での年齢
工学ダミー	研究分野が工学 =1，その他 =0，ただし研究分野のレファレンスカテゴリーは自然科学
生命科学ダミー	研究分野がライフサイエンス =1，その他 =0
医学ダミー	研究分野が医学 =1，その他 =0
国研ダミー	勤務先が特定研究開発法人 =1，国立大学 =0
長期雇用ダミー	テニュアあり =1，その他 =0
管理業務ダミー	管理業務中心 =1，その他 =0
能力	第 3 章の表 3-2 に同じ
環境	第 5 章の表 5-2 に同じ

　まとめると、学生時代ダミーが 1 であるのは、複数選択であろうと単数選択であろうと、「学生時代の友人、先輩・後輩、先生」を選択したサンプルである。職場関係ダミーが 1 であるのは、「自分の教え子」、「職場の同僚、元同僚」、「海外赴任中の研究仲間」の中で単数選択もしくは複数選択をしているが、その他のカテゴーは一切選択していないサンプルである。また、「研究者仲間の紹介」のみを選択したサンプルについて、仲間の紹介ダミーは 1、「研究機関の共同研究の斡旋」のみを選択したサンプルについて、組織の紹介ダミーは 1 である。レファレンスカテゴリーは、「学会・研究会での出会い」のみを選択したサンプルである。

6.5.　分析結果

　表 6-2 の各変数の記述統計量は表 6-3 の通りである。知り合った経緯に関する 4 つの変数の平均値に着目すると、知り合った経緯は学生時代が約 17%、職場関係が約 8%、研究者仲間の紹介が約 22%、組織の紹介が約 17%、残りの約 36%が学会での出会いであり、本分析のレファレンスカテゴリーである学会での出会いが一番多い。

　また、被説明変数については、知識交換頻度の平均値に示されるように、知識交換頻度が 1-2 カ月に 1 回以上の強いタイを築いている研究者は約 3 分の 1 である。また、交流年数の平均値（対数値）が 1.53 であることから、知識交換の平均の期間は約 4.6 年である。紙幅の都合上、相関係数マトリクスは省略するが、説明変数間で相関係数が高いのは能力と環境の 0.39 で、その他はすべて 0.3 未満である。

表 6-3　記述統計量

変数	最小値	最大値	平均値	標準偏差
知識交換頻度	0	1	0.33	0.47
交流年数	−0.69	3.56	1.53	1.02
年齢	27	71	47.15	9.11
性別ダミー	0	1	0.91	0.28
国研ダミー	0	1	0.55	0.50
工学ダミー	0	1	0.22	0.41
生命科学ダミー	0	1	0.19	0.39
医学ダミー	0	1	0.04	0.19
長期雇用ダミー	0	1	0.75	0.43
管理業務ダミー	0	1	0.11	0.31
能力	−3.28	2.11	0.05	0.94
環境	−3.46	1.75	0.09	1.01
学生時代	0	1	0.17	0.37
職場関係	0	1	0.08	0.28
仲間の紹介	0	1	0.22	0.41
組織の紹介	0	1	0.17	0.37

注）1.　N = 508
　　 2.　能力と組織環境の主成分分析は回答者全員のサンプルを用いて行っ
　　　　 たため、本分析に用いたサンプルに関して平均値は 0 以上であり、
　　　　 標準偏差は 1 ではない。

　はじめに、タイの強さを知識交換頻度で測った分析の結果を見ると（表 6-4）、仲間の紹介は 10%水準、組織の紹介は 5%水準で、それぞれ有意にプラスの係数を示しており、学会での出会いの場合と比べて、研究者仲間の紹介と、共同研究を支援する組織の介在により出会った研究者間のタイは強くなる確率が高い。これに対して、学生時代と職場関係の係数はプラスではあるが有意ではない。したがって、タイの強さを知識交換の頻度で測ると、仮説 3 と 4 はサポートされた。また、注目すべきは限界効果である。「学生時代」、「職場

関係」、「研究者仲間の紹介」、「組織の紹介」の中で組織の紹介が一番大きく、
1.979 を示している。すなわち、組織の紹介で知り合った産学の研究者は、他
のどの経緯で知り合った研究者よりも知識交換の頻度で測った強いタイを形
成する確率が高く、学会で知り合った場合と比べると約 2 倍である。

表 6-4　知識交換頻度で測ったタイの強さ

説明変数	B (S.D.)	Exp (B)	B (S.D.)	Exp (B)
定数	−2.259 (0.709)***	0.08	−2.966 (0.741)***	0.052
年齢	0.029 (0.012)**	1.030	0.030 (0.012)**	1.030
性別ダミー	−0.483 (0.366)	0.617	−0.454 (0.370)	0.635
国研ダミー	0.589 (0.213)***	1.803	0.576 (0.219)***	1.779
工学ダミー	0.416 (0.244)*	1.516	0.491 (0.250)**	1.635
生命科学ダミー	−0.894 (0.320)***	0.409	0.900 (0.322)***	0.407
医学ダミー	0.456 (0.543)	1.578	0.496 (0.553)	1.643
長期雇用ダミー	0.620 (0.271)**	1.859	0.664 (0.275)**	1.942
管理業務ダミー	0.091 (0.320)	1.095	0.049 (0.325)	1.050
能力	0.155 (0.120)	1.168	0.151 (0.121)	1.163
環境	0.316 (0.112)***	1.372	0.323 (0.114)***	1.381
学生時代			0.415 (0.309)	1.514
職場関係			0.568 (0.395)	1.766
仲間の紹介			0.478 (0.273)*	1.613
組織の紹介			0.683 (0.300)**	1.979
N	508		508	
χ^2	53.44***		60.29***	
−2LogL	589.97		583.12	

注）　***p < 0.01, **p < 0.0, *p < 0.10

表 6-5　知識交換の期間で測ったタイの強さ

説明変数	B (S.D)	B (S.D.)
定数	−0.298 (0.277)	−0.310 (0.250)
年齢	0.038 (0.005)***	0.035 (0.004)***
性別ダミー	−0.211 (0.151)	−0.214 (0.133)
国研ダミー	−0.068 (0.087)	0.043 (0.078)
工学ダミー	−0.021 (0.106)	0.020 (0.095)
生命科学ダミー	0.081 (0.115)	−0.013 (0.102)
医学ダミー	−0.388 (0.231)*	−0.207 (0.204)
長期雇用ダミー	0.318 (0.105)***	0.324 (0.094)***
管理業務ダミー	0.175 (0.139)	0.271 (0.123)**
能力	0.023 (0.049)	0.038 (0.043)
環境	0.004 (0.045)	0.012 (0.040)
学生時代		0.894 (0.109)***
職場関係		0.299 (0.144)**
仲間の紹介		0.047 (0.099)
組織の紹介		−0.629 (0.110)***
N	508	508
調整済み R^2	0.164	0.349

注）　***$p < 0.01$, **$p < 0.05$, *$p < 0.10$

　次に、タイの強さを知識交換の期間で測った分析の結果を見ると（表 6-5）、学生時代は 1%水準、職場関係が 5%水準で有意にプラスの係数を示している。すなわち、学生時代に形成されたタイや職場関係でのタイは長期間持続する強いタイとなり、仮説 1 と 2 は支持された。注目すべきは組織の紹介変数であり、他の経緯を示す変数がすべてプラスの係数であるのに対して、1%水準で有意にマイナスの係数を示している。すなわち、タイの強さを知識交換頻

度で測った場合と符号が逆転している。共同研究支援組織はプロジェクトが行われている期間は、産学の研究者間の知識交換を促進する働きがあるが、その期間が終わると、自発的にタイが形成された場合と比べて、組織の介在により形成された知識交換ネットワークのタイは弱くなると考えられる。

　以上をまとめると、過去 1 年間の知識交換の頻度で測った短期的なタイの強さに関しては、仮説 3 と 4 がサポートされ、交流年数で測った長期的なタイの強さに関しては、仮説 1 と 2 がサポートされた。注目すべきは組織の紹介変数であり、タイの強さを知識交換頻度で測るか、知識交流年数で測るかによって、その係数の符号は変化し、仮説 4 は短期的にはサポートされているものの、長期的にはむしろ強く否定される結果となった。

　最後に、コントロール変数に言及すると、タイの強さを知識交換の頻度と期間で測ったいずれの場合も、年齢変数と長期雇用ダミーの係数がプラスの有意な値を示している。テニュアをもち、経験を積んだ研究者が産学の制度的距離を克服して民間企業の研究者と強いタイを築いているといえる。

　また、本章では第 5 章と同様に、自律性、上司や同僚による知識シェアの奨励、資金・設備の充実を、知識交換をサポートする組織環境と定義したところ、このような環境に置かれた研究者が民間企業の研究者と知識交換頻度で測った強いタイを築いていることが明らかになった。しかし、能力変数は、タイの強さを知識交換頻度で測っても交流期間で測っても有意ではない。すなわち、民間企業の研究者とのネットワークについて、研究者自身の能力よりも研究環境が強いタイの形成に寄与しているという注目すべき結果となった。

6.6. ディスカッションと結論

　本研究では制度的距離のある産学間で、研究者の強いタイの形成に資する要因を、パートナーと知り合った経緯という観点から分析した。知り合った経緯を「学生時代」、「職場関係」、「研究者仲間の紹介」、「組織の紹介」、「学会」に分類すると、理論的考察からは学会を通じて出会うケースが一番弱いタイになると予想された。日本の国立大学と国研の 500 人を超える研究者の産学間パーソナルネットワークのタイの強さを、過去 1 年間の知識交換頻度（短期的なタイの強さ）と、知識交換の継続期間（長期的なタイの強さ）で測定したところ、知り合った経緯がタイの強さに影響を与えていることが明らかになった。すなわち、大学時代に形成された関係は長期的に強いタイを形成する要因であることが見出された。同様に、職場の元同僚や仕事仲間とのタイは学会で知り合った研究者とのタイと比べて、長期的に強いことが明らかになった。学生時代の関係や職場関係で形成されたタイは、一定期間の場の共有や共通の経験が二者の間の信頼関係につながり、知識交換を頻繁に行わないまでも、必要なときにコンタクトをとりあって知識交換を行うネットワークになっていると考えられる。また、研究者仲間の紹介は、学会で知り合うケースよりも短期的には強いタイにつながる確率が高いが、長期的に有意な効果は見られなかった。紹介者となる研究者との関係が長期的に続いているか否かが長期的なタイの強さに影響を与える可能性がある。

　興味深い結果は、産学連携支援機関などの組織がパートナーを紹介するケースである。学会で知り合うケースと比べて、短期的には強いタイをもたらすが、長期的にはむしろ弱いタイになるという結果が得られた。さらに、他のどの知り合った経緯と比べても同様の傾向がみられ、産学連携を支援する組織が介在して形成されたタイは、研究者同士が自主的に形成したタイより

も強いのかというリサーチクエスチョンについては、短期的には強く長期的には弱いという結果となった。これは組織がサポートしている期間を過ぎると、タイが消滅しやすいことを示唆していると考えられる。政策でサポートされた産学連携支援機関などの組織は、産学間の知識交換を促進する上で一定の効果をもっているが、そのようにして形成されたパーソナルネットワークは長続きしない確率が高く、研究者同士が自発的に形成したタイよりも長期的には弱くなる傾向がみられる。組織のサポートがある間にアカデミアの研究者個人が民間企業の研究者と信頼関係を築き、成果を達成し、共通の研究の関心を持ち続けることが、長期的に持続する強いタイの形成につながると考えられる。

　また、全体的に学会を契機として形成されたパーソナルネットワークのタイは弱いことが明らかとなった。学会は研究者同士が知り合う良い機会ではあるが、強いタイの形成には不向きであることが示唆された。強いタイの形成には、学会のように研究者間の非常に短い一時的な地理的近接では不十分であり、一定期間の場の共有が必要であると推察される。

　第4章では、知識交換頻度で測った短期的に強いタイと交流年数で測った長期的に強いタイは、どちらも先端知識と問題解決知識の吸収を増やすことが明らかになった。本章の分析結果と合わせると、研究者仲間の紹介と組織の紹介でネットワークのタイが形成されると、先端知識と問題解決知識を外部から吸収する効果が期待でき、また、学生時代の関係や職場関係で築かれたネットワークのタイは、細々とではあっても長期的に先端知識と問題解決知識を吸収する効果があると期待できる。

　また、仮説検定のための変数ではないが、研究者自身の能力よりも研究環境が産学の研究者の強いタイの形成に寄与していることも本研究で見出された。すなわち、自律性の付与、上司や同僚による知識シェアの奨励、資金・

設備の充実といった知識交換をサポートする組織環境を与えられた大学や国研の研究者は、企業の研究者と強いタイを形成する傾向がある。言い換えれば、組織マネジメント如何によってパーソナルネットワークのタイの強さは変化する。また、国立大学や国研の予算は国の科学技術政策や教育政策に依存しており、産学間のパーソナルネットワークを通じた知識交換を促進し、大学で生まれた知識や技術の実装を実現するためには財政面での政策も重要である。

　以上のように、本研究には重要な新しい発見があるが、残された課題もある。まず、組織の介在により形成されたタイは短期的には強く長期的には弱いことが見出されたが、産学連携支援組織の成果や効率は一様ではない。先行研究では、客観的もしくは主観的尺度を用いて、産学連携支援組織のパフォーマンスに影響を与える要因の研究が行われてきた。すなわち、支援組織自体のデザイン・構造、人的資本（スタッフの能力・スキル）、産業と大学双方の研究者との関係、経済的インセンティブ（財政状況、内部/外部からのサポート）に加え、大学の知的財産戦略と政策などの要因も議論・検証されてきた (Siegel, Waldman, and Link 2003, Pronay et al. 2020, Faccin et al. 2021, Zmuidzinaite, Zalgevicient, and Uziene 2021)。したがって、どのような産学連携支援組織の仲介であれば長期的に強いタイの形成につながるかを分析することは今後に残された課題である。また、本研究で利用したデータはクロスセクションデータであるため、タイの形成と消滅の時間的変化を捉えることができない。タイが形成後のどの時点で弱くなったり消滅したりするのか、それが、タイの形成の契機によってどのように異なるのかを分析することは今後の重要な課題である。

第7章　医師のパーソナルネットワークとパフォーマンス

　第 3 章から第 6 章までは研究者のパーソナルネットワークを分析したが、本章では医師に焦点を移す。すなわち、第 2 章で概略を示した医師の知識交換のためのパーソナルネットワークを詳細に分析し、どのような特徴をもった医師がどのような範囲でネットワークの強いタイを形成しているのか、ネットワークがどのような知識の吸収に役立ち、どのような仕事の成果に貢献しているのか、そのネットワーク形成のきっかけや範囲は医師のキャリアステージによってどのように異なるのかという問題について考察し、前章までで明らかになった研究者のパーソナルネットワークとの類似点や相違点を見出す。さらに、地域医療連携を促進する政策が医師のパーソナルネットワークに与える影響についても考察する。

7.1.　はじめに

　第 2 章では、研究者と同様に医師も、先端知識よりも問題解決知識を得るためにパーソナルネットワークを使う傾向が明らかになった。出版物や学会・研究会ではなく、パーソナルネットワークが問題解決知識の第一の知識源であると答えた医師は全体の約22%で、これは先端知識の約4%よりも多い。また、第三番目までの知識源としてパーソナルネットワークを利用している医師は、先端知識では約33%、問題解決知識では約58%であった。

書籍や雑誌論文は、多くの医師にとって重要な知識源であり、かつ、近年は電子媒体の普及によって、それらに容易にアクセスできるようになったために、広く活用されている。それにもかかわらず、医師は医学文献を解釈するために、また、患者の治療についてアドバイスをもらうために、同僚に頼っている (Keating et al. 2007)。医師一人の力だけでは解決できない問題があり、診療所や病院の枠を超えて、個人的なつながりを頼りに得られたアドバイスが患者を救っている (Saltzman 2021)。そのため、患者が受ける治療は、医師個人の知識とスキルや医療機関の医療サービスの供給体制のみならず、医師のネットワークにも依存していることが指摘されている (Casalino et al. 2015)。すなわち、医師が誰とタイを形成しているかということや相談相手の医師の知識やスキルによって、また、医師ネットワーク全体の構造によって、患者の受ける治療が変わる可能性がある。

　日本では、2007 年の第 5 次医療法改正により、地域医療計画を都道府県単位で策定することが義務付けられた（秋山 2008）。また、2011 年の地域医療再生計画により、都道府県単位で医療供給体制の課題を解決するための施策について計画をたて、地域医療再生基金を拡充して計画を実施することが求められた。こうして都道府県単位の医療供給体制の整備が進む中で、地域医療情報連携ネットワークが構築・活用されるようになった（渡部 2021）。本章は医療機関の間のフォーマルなネットワークではなく、医師のパーソナルネットワークを対象にしているが、このような政策は医師が知り合ったり連携したりするきっかけとなりえ、個人間のインフォーマルなインタラクションによって成立つネットワークにも影響を与える可能性がある。

　海外では、特定の病院の医師のネットワークをターゲットにした分析や、プライマリケアの医師の組織の枠を超えたネットワークに関する研究等が行われてきた (Zappa 2011, Keating et al. 2007, Landon et al. 2012, Poghosyan et al.

2016, Mascia et al. 2018)。それらの研究では、医師の間ではアドバイスは一方的ではなく双方向で行われていること (reciprocity)、そのような関係は厳密なヒエラルキーではなく、相互の信頼に基づいていること、小さな多数のサブネットワークがオーバーラップする形で形成されていることが見出されてきた。これは中心－周辺の構造をもつ研究者のネットワークとは異なる。また、地理的近接や認知的近接も重要な要因であり、同じ病院内、同じ診療・専門分野内の医師の間でネットワークが形成される傾向がある。また、年齢に関するホモフィリーの傾向はあるが、性別に関しては、男性医師は他の男性医師とタイを形成する傾向があるが、女性医師の性別に関するホモフィリーの傾向はみられないという研究もある (Landon et al. 2012)。さらに、経験のある年配の医師は自律的に判断するが、若手医師は仲間と相談しパーソナルネットワークを活用する傾向のあることも指摘されている。

　しかし、日本の医師のパーソナルネットワークについてはあまり知られていない。そこで本章では、どのような特徴をもった医師がどのような範囲でパーソナルネットワークを形成しているのか、パーソナルネットワークがどのような知識の吸収に役立ち、どのような仕事の成果に貢献しているのか、パーソナルネットワークはどのようなきっかけで形成されているのかという問題について、第 1 章で詳述した「医師調査」のデータを使って分析する。

　さらに、第 1 章で詳述したように、パーソナルネットワークは、ナレッジワーカーの学習手段でもある。医師は 6 年の大学教育に加え 2 年以上の研修が義務づけられており、一人前になるまでに特に長期の学習を必要とする職業である。したがって、若手医師とベテラン医師ではネットワークの範囲や利用が異なる可能性があり、本章ではその点についても分析を行う。

7.2. パーソナルネットワークの範囲と形成の契機

　はじめに、医師のネットワークはどのようなきっかけでどのような範囲で形成されているのか、整理をしておこう。図 7-1 は第 2 章の表 2-2 と表 2-4 で示した統計を図にまとめたものである。図中の「患者数」、「学会発表数」、「論文数」については、次節で詳しく説明し議論する。医師調査に回答した 426 人のうち、勤務先の医療機関内の医師と知識交換を行っている人は 407 人、また、同じ都道府県内の他の医療機関・大学の医師とは 393 人、他の都道府県の医療機関・大学の医師とは 324 人、海外の医療機関・大学の医師とは 60 人がそれぞれ知識交換を行っている。第 4 章において、研究者の場合に地理的距離がネットワークのタイの形成に影響を与えていることを論じたが、医師の場合も、距離が大きくなるほどネットワークのタイが減少する傾向がはっきりと読み取れる。このことは、地理的近接がタイの形成確率を高めるという上述の海外の研究結果とも整合的である。

　図 7-1 の左側に「学生時代」「職場」などと書かれた項目は、第 2 章の表 2-4 に対応し、それぞれのカテゴリーのパートナーのうち、過去 1 年間に知識・情報の交換を最も多く行った人について、知り合ったきっかけを示している。複数回答の結果、多くあがった項目のみが割合と共に列挙されている。勤務先の医療機関の医師については、職場を通じて知り合った人が 9 割以上存在するのは当然といえる。また、同じ都道府県内の医師が相手である場合と、他の都道府県内の医師が相手である場合については、いずれも学生時代の知り合いが 30%代、医師仲間の紹介が 10%代で似ており、このことから、学生時代に築いたネットワークは日本国内で広く活用され、また、医師同士が紹介し合ってネットワークが拡大していくことがわかる。

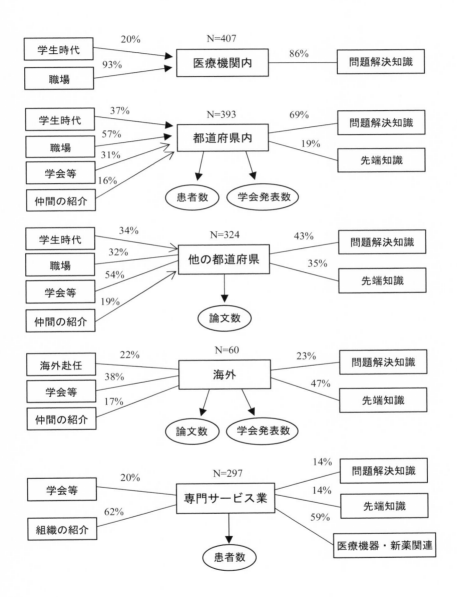

図中の用語は以下のように省略されている。「学生時代」は「学生
時代の友人、先輩・後輩、先生」を、「職場」は「職場の同僚・元
同僚」を、「学会等」は「学会・研究会・委員会などでの出会い」
を、「仲間の紹介」は「医師仲間の紹介」を、「海外赴任」は「海
外赴任中の医師・研究者仲間」を、「組織の紹介」は「所属する医
療機関の紹介・取引」を、それぞれ省略した表現である。
2. 知り合ったきっかけは複数回答可であるため、合計は 100%を超え
ることがある。
3. 交換する知識の内容の%は、各類型のパートナーを有している医師
を 100%としたときの割合を示している。第 2 章の表 2-2 は各類型
のパートナーを有していても交換する知識の内容については無回
答であった人を除いた人数を 100%とした場合の構成比を示してい
るため、表 2-2 と図 7-1 の数値には若干の違いがある。

図 7-1　医師のネットワークの概略

　同じ都道府県と他の都道府県の違いは、前者の場合は職場の同僚・元同僚
が半数以上を占めているのに対して、後者の場合は学会・研究会などが半数
以上を占めている点である。医師調査の解答者 426 人のうち転職経験のある
人は 343 人（約 8 割）で、そのうち 68.5%の 235 人が同じ都道府県内で転職し
ている。このため、職場を通じて形成されたタイが維持される範囲は、同じ
都道府県内が多くなると推測できる。一方、都道府県を超えたネットワーク
の形成には、全国規模で開催される学会が大きく貢献している。さらに、海
外とのネットワークの形成には国際学会の貢献が大きく、また、海外赴任中
に形成されたタイのうち一定数は、帰国後も維持されている。

　次に、図 7-1 の右側には、最も多く知識交換を行った相手と最も多く交換す
る知識の内容が記されている。勤務先の医療機関の医師とは問題解決知識を
交換している人が 86%で圧倒的に多い。同じ都道府県、他の都道府県、海外
と距離が大きくなるにつれ、問題解決知識を最も多く交換している人の割合
が減り、代わって先端知識を吸収している人の割合が増える。第 4 章で研究

者のネットワークを分析した際に、知識が地理的に遍在し、知識の種類によって価値ある知識が存在するロケーションが異なるために、タイの強さの効果をコントロールしても、地理的距離が長いほどそのタイを通じて先端知識が獲得される確率が高まり、逆に問題解決知識が獲得される確率は低くなることが示された。医師の場合も同様に、問題解決知識は近距離から、先端知識は遠距離から吸収されている。

　さらに、図 7-1 によると、専門サービス業者と知識交換を行っている医師が約 300 人と多い。専門サービス業者は、勤務先の医療機関と取引関係のある企業の社員であるために知り合うケースが多く、主に医療機器や新薬に関する知識を交換している。このことから、彼らとのタイは、フォーマルな関係の中に組み込まれているものが多い可能性がある。また、学会・研究会を通じて知り合うケースも 20%存在し、学会・研究会は職業の枠を超えてネットワーク形成の機会となり、問題解決知識や先端知識の交換に貢献している。

7.3.　パーソナルネットワークとパフォーマンスの関係

　次に、過去 1 年間の医師のパフォーマンスを、治療した患者数、発表した論文数、学会発表数で測定してパーソナルネットワークとパフォーマンスの関係を分析する。治療した患者数は最大値が約 6500 と大きいため、対数変換した値を用いる。

　また、論文数は 0 が約 66%、1 が約 18%、2 以上が約 16%という分布であるため、3 段階で測定する。同様に、学会発表数は、0 が約 38%、1 が約 16%、2 が約 19%、3 が約 10%、4 以上が約 17%という分布であるために、これらの 5 段階の指標を用いる。表 7-1 に示した説明変数を用い、治療した患者数を被説明変数とするモデルには最小二乗法による重回帰分析、学会発表数と論文

数を被説明変数とするモデルには順序回帰分析を適用する。パフォーマンスの測定期間と知識交換の測定期間が同じであるため、本章のネットワークのタイとパフォーマンスの関係に関する分析結果は、厳密な因果関係を表しているわけではないことに注意を要する。

　ネットワークのタイの数が多ければ入手できる知識も多いために、高いパフォーマンスを達成できると考えられる。ただし、病院内ネットワークか海外ネットワークかなど、ネットワークが広がる範囲の違いが、上述の 3 種類のパフォーマンスに与える影響が異なる可能性もあるため、5つに分けたカテゴリーのネットワークのタイの数（表7-1の5段階尺度）と、3つのパフォーマンス尺度の関係を分析する。

　表 7-2 に示されるように、カテゴリー間でタイの数には相関がある。例えば、同じ都道府県の医師とのタイの数と他の都道府県の医師とのタイの数の相関は0.573で、都道府県内にある他の医療機関の多くの医師と知識交換を行っている医師は、他の都道府県の多数の医師とも知識交換を行う傾向がみられる。関係を継続するには時間やエフォートの点でコストがかかるため、あるカテゴリーでネットワークを発達させている人は、他のカテゴリーでのネットワークが小さいという関係も考えられるが、本研究の結果は、前者で大きなネットワークをもっている人は、後者でも大きなネットワークをもつ傾向のあることを示している。

　したがって、医師は特定のカテゴリーに特化してネットワークを発達させているというよりも、様々なカテゴリーで多くの医師と知識交換を行っている医師がいる一方で、どのカテゴリーの医師との知識交換にも消極的な医師が存在する傾向がある。

表 7-1　パフォーマンスモデルの変数の定義

変数	定義
被説明変数	
治療した患者数	過去 1 年間に治療した患者数の対数
学会発表数	過去 1 年間に行った学会発表数が 0 件 =1，1 件 =2，2 件 =3，3 件 =4，4 件以上 =5
論文数	過去 1 年間に発表した学術論文数が 0 本 =1，1 本 =2，2 本以上 =3
ネットワークに関する説明変数	
同じ医療機関	過去 1 年間に仕事に関わる知識・情報を交換した同じ医療機関の医師数が 0 人 =1，1-2 人 =2，3-5 人 =3，6-10 人 =4，11 人以上 =5
同じ都道府県	過去 1 年間に仕事に関わる知識・情報を交換した医師のうち、同じ都道府県内の他の医療機関の医師数。人数の分類は、「同じ医療機関」と同様。
他の都道府県	過去 1 年間に仕事に関わる知識・情報を交換した他の都道府県の医師数。人数の分類は「同じ医療機関」と同様。
海外在住者	過去 1 年間に仕事に関わる知識・情報を交換した海外在住の医師数。人数の分類は「同じ医療機関」と同様
専門サービス業	過去 1 年間に仕事に関わる知識・情報を交換した専門サービス業の社員数。人数の分類は「同じ医療機関」と同様
コントロール変数	
性別ダミー	男性 =1，女性 =0
年齢	調査時点での年齢
内科ダミー	主たる診療科が内科 =1，その他 =0，ただし診療科のレファレンスカテゴリーは内科と外科を除く「その他」
外科ダミー	主たる診療科が外科 =1，その他 =0
管理職ダミー	役職あり =1，その他 =0
民間病院ダミー	勤務先が民間病院 =1，大学病院もしくは公立病院 =0
医師数	勤務先医療機関の医師数の対数値
大都市ダミー	勤務先医療機関の所在地が東京もしくは大阪 =1，その他 =0

表 7-2　タイの数に関するカテゴリー間の相関

	同じ医療機関	同じ都道府県	他の都道府県	海外
同じ医療機関	1			
同じ都道府県	0.562**	1		
他の都道府県	0.359**	0.573**	1	
海外	0.146*	0.228**	0.400**	1
専門サービス業	0.429**	0.341**	0.311**	0.143*

注）**$p < 0.01$, *$p < 0.05$

表 7-3　記述統計量

	最小値	最大値	平均値	標準偏差
年齢	27	75	45.1	10.95
性別ダミー	0	1	0.77	0.42
内科ダミー	0	1	0.34	0.47
外科ダミー	0	1	0.29	0.45
管理職ダミー	0	1	0.64	0.48
民間病院ダミー	0	1	0.33	0.47
医師数	0.69	6.91	4.07	0.91
大都市ダミー	0	1	0.18	0.38
同じ医療機関	1	5	3.85	1.18
同じ都道府県	1	5	3.48	1.24
他の都道府県	1	5	2.79	1.41
海外在住者	1	5	1.21	0.64
専門サービス業	1	5	2.90	1.50
治療した患者数	2.30	8.78	5.91	1.42
論文数	1	3	1.47	0.74
学会発表数	1	5	2.56	1.49

注）N = 306

　コントロール変数には、医師個人の要因と勤務先の医療機関の要因が含まれる。前者には、アンケート調査に回答した医師自身の年齢、性別、診療科目（内科ダミー、外科ダミー）、管理職か否かという変数が含まれ、後者には勤務先の医療機関が民間病院か大学・公立病院か、医師数で測った医療機関の規模、機関の所在地に関する変数（東京・大阪か否か）が含まれる。パフォーマンスには、医師個人の力量ばかりではなく、医療機関の環境も影響を与えると考えられるためである。表7-3の記述統計量に示されるように、平均年齢は約45歳、男性が約77%、内科医は約34%、外科医は約29%、何らかの役職（院長・副院長、部長、医長など）に就いている人は約64%である。また、民間病院に勤務する医師は約3割、東京もしくは大阪の医療機関に勤務する医師は約18%である。

　表7-4は、治療した患者数、学会発表数、論文数をそれぞれ被説明変数とする分析の結果を示している。はじめに、治療した患者数の結果を見ると、ネットワーク関係の変数のうち、同じ都道府県の係数と専門サービス業の係数が5%水準でいずれも有意でプラスの値であるが、他のネットワーク関係の変数の係数はどれも有意ではない。したがって、治療した患者数とプラスの関係があるのは、同じ医療機関内の医師とのタイの数ではなく、同じ都道府県内の他の医療機関の医師とのタイの数である。地域医療連携が進む中、同じ都道府県内の医師と知識・情報交換を行いながらより多くの患者を治療する体制ができているとみられる。また、都道府県内の市町村は比較的地理的に近い関係にあるため、医師の転職や研究会等を通じてネットワークが拡大していくと考えられ、そうして形成されたタイを活用して外部知識を獲得することにより、医師は多様な患者に対応できると考えられる。また、製薬会社や医療機器メーカーのより多くの社員と知識交換を行っている医師は、治療した患者数が多い傾向があり、薬品や医療機器の助けをかり、必要な知識や

情報を製造・販売元の企業の社員から入手して、多くの患者を診療している
とみられる。

　治療した患者数について、コントロール変数の効果を見ると、年齢が高い
医師、管理的職業についている医師、内科医や外科医ではない医師が、治療
した患者数で測ったパフォーマンスが高いことがわかる。したがって、経験
を積んだ医師が多くの患者を治療していると判断できる。また、内科や外科
の医師は一人の患者に要する診断、処置等の時間が長いか、臨床以外に時間
を使っている可能性が考えられる。医療機関の要因に関しては、公立・大学
病院よりも民間病院、また、医師数が少ない病院において、一人の医師が治
療した患者数が多い。

　次に、学会発表数を被説明変数とする分析の結果を見ると、同じ都道府県
と海外在住者の係数が有意にプラスの値を示しており、これらのタイを多く
もつ医師は学会発表を多く行っている。都道府県内のタイを多くもつ医師は、
上述のように、治療した患者数も多く、かつ、都道府県内の他の医師からは
問題解決知識を吸収する傾向があることを考慮すると（図 7-1）、多くの患者
を治療して得られた臨床データと、都道府県内の医師とのネットワークを通
じて得られた問題解決知識を活用して、学会発表行っているとみられる。ま
た、海外在住者とのタイは、国内学会よりも国際学会での発表の増加につな
がっていると推測できる。

　さらに、コントロール変数についてみると、治療した患者数を被説明変数
とするモデルとは符号が異なる変数が多くみられる。すなわち、年齢の係数
は 1%水準で有意にマイナス、外科ダミーは 1%水準で有意にプラス、医師数
は 5%水準で有意にプラスである。若い医師、外科医、医師数の多い病院に勤
務する医師はそれぞれ治療した患者数は少ない傾向があるが、学会発表数は
多い。さらに、性別ダミーは1%水準、大都市ダミーは10%水準で、いずれも

有意にプラスの係数を示しており、男性医師と大都市の病院に勤務する医師は学会発表を多く行う傾向がみられる。

　論文数を被説明変数とするモデルでは、他の都道府県と海外在住者の二つの変数について、係数はプラスで有意である。他の都道府県や海外に在住する医師とは地理的距離が大きく、図7-1に示されたように、それらのネットワークは医療機関内や都道府県内のネットワークと比べて、問題解決知識の獲得に利用されることは少ないが、先端知識の獲得源になっている。そのため、それらのネットワークに多くのタイをもっている医師ほど、学術研究の成果を論文で発表していると推測できる。

　コントロール変数については、有意な変数は性別ダミーと医師数の二つだけである。男性医師と医師数の多い病院に勤務する医師は論文を多く生産する傾向があり、これらの変数の効果は学会発表の場合と同じである。大病院の方が中小の病院よりも設備等が整い、また、難しい治療を要する患者が来院するために、先端研究が必要となって、学術論文の成果につながっている可能性が考えられる。また、医師数の多い病院では、医師一人当たりが治療する患者数も少ないという上述の結果から、研究を行う時間的余裕があると推測できる。女性医師よりも男性医師の方が学会発表数も論文数も多いという結果については、女性の方が臨床に重点を置く傾向があるためなのか、家事・育児・介護に時間を多く使うために、学会発表や論文発表にまで手が回らないからなのか、今後のさらなる分析が必要である。

　以上のネットワークと研究成果との関係は、図7-1にも記述されている。すなわち、図7-1には各ネットワークと有意にプラスの関係を示した成果（治療した患者数、学会発表数、論文数）が示されている。この図をもとにネットワークを比較すると、同じ医療機関内のタイが多いことは、医師のパフォーマンスを高める要因にはならないが、組織外のタイは外部知識の吸収源とな

って、パフォーマンスの向上に貢献している。すなわち、患者の治療には都道府県内の他の医療機関の医師や専門サービス業の社員とのネットワークが、また、論文数といった学術研究の成果には、他の都道府県の医師や海外の医師とのネットワークがプラスの効果をもっている。

表7-4　知識交換のためのパーソナルネットワークがパフォーマンスに与える影響

説明変数	治療した患者数	学会発表数	論文数
年齢	$0.031 (0.008)^{***}$	$-0.035 (0.012)^{***}$	$-0.013 (0.014)$
性別ダミー	$0.086 (0.189)$	$0.977 (0.283)^{***}$	$0.982 (0.365)^{***}$
内科ダミー	$-0.519 (0.183)^{***}$	$-0.033 (0.267)$	$-0.322 (0.327)$
外科ダミー	$-0.640 (0.191)^{***}$	$0.737 (0.276)^{***}$	$0.331 (0.316)$
管理職ダミー	$0.349 (0.180)^{*}$	$-0.065 (0.262)$	$0.002 (0.313)$
民間病院ダミー	$0.333 (0.162)^{**}$	$-0.095 (0.235)$	$-0.309 (0.286)$
医師数	$-0.193 (0.091)^{**}$	$0.267 (0.135)^{**}$	$0.409 (0.164)^{**}$
大都市ダミー	$0.046 (0.211)$	$0.570 (0.302)^{*}$	$0.329 (0.344)$
同じ医療機関	$-0.079 (0.084)$	$0.059 (0.122)$	$0.036 (0.147)$
同じ都道府県	$0.219 (0.084)^{**}$	$0.395 (0.125)^{***}$	$-0.033 (0.150)$
他の都道府県	$-0.045 (0.072)$	$0.167 (0.103)$	$0.354 (0.126)^{***}$
海外在住者	$-0.072 (0129)$	$0.476 (0.197)^{**}$	$0.395 (0.203)^{*}$
専門サービス業	$0.134 (0.057)^{**}$	$-0.104 (0.082)$	$-0.061 (0.096)$
サンプル数	306	306	306
自由度修正済み決定係数	0.169		
カイ2乗		97.278^{***}	56.315^{***}

注）$^{***}p < 0.01, ^{**}p < 0.05, ^{*}p < 0.1$

7.4.　年齢によるパーソナルネットワークの違い

前節で、5つに分けたカテゴリー（医療機関内、都道府県内、他の都道府県、

海外、専門サービス業）によって、パーソナルネットワーを通じて得られる
知識もパフォーマンスへの影響も異なることが明らかになった。そこで次に、
どのような医師が各カテゴリーのネットワークや強いタイを多く持っている
のかについて、医師個人の要因と勤務先組織の要因に分けてみてみよう。特
に、医師個人の要因として年齢に着目し、医師の成長段階に応じたネットワー
クの変化を考察する。

　表7-5は5つのカテゴリーのうち、若手医師か否かによって、タイの数や強
さに違いが見られたカテゴリーの分析結果を示している。

表 7-5　年齢によるネットワークの違い

	医療機関内タイの数	海外在住者タイの数	医療機関内タイの強さ
若手医師ダミー	0.444 (0.245)*	−0.982 (0.501)**	0.572 (0.273)**
性別ダミー	−0.366 (0.236)	−0.182 (0.376)	−0.792 (0.265)***
内科ダミー	0.586 (0.234)**	0.092 (0.389)	0.636 (0.255)**
外科ダミー	0.356 (0.243)	0.649 (0.369)*	0.186 (0.256)
民間病院ダミー	−0.525 (0.201)***	0.493 (0.312)	−0.030 (0.218)
医師数	0.632 (0.114)***	0.160 (0.176)	0.210 (0.116)*
大都市ダミー	0.142 (0.269)	0.501 (0.365)	0.282 (0.289)
サンプル数	380	380	365
カイ 2 乗	59.777***	15.199**	26.628***

注）$^{***}p < 0.01, ^{**}p < 0.05, ^{*}p < 0.1$

　タイの強さは過去 1 年間の知識交換の頻度で測定されている。ここでの若
手医師の定義は 35 歳以下である。医師転職研究所の約 1740 人の医師を対象
にしたアンケート調査によると [1]、一人前になったと感じた時期は、医師免
許取得後 10 年以上 15 年目未満が 26.1%で最も多く、5 年以上 10 年目未満が

18.6%でこれに続いていた。したがって、本章では、10年程度の35歳までを若手医師とし、若手医師ダミーは35歳以下を1、その他を0とする変数である。また、その他の説明変数の定義は表7-1、被説明変数の定義は表7-6の通りである。

　若手医師以外をベテラン医師と呼ぶと、若手医師とベテラン医師の間で分析結果に差が出たのは、医療機関内ネットワークと海外在住者ネットワークのタイの数と、医療機関内ネットワークのタイの強さである。すなわち、若手医師は勤務先医療機関内のタイの数が多く、しかもそのタイは強いが、海外在住者とのタイの数は少ない。上述の医師転職研究所の調査では、20代、30代の若手医師は臨床に関する知識・技術の習得と専門医資格の取得を目標にし、40代以上の医師は研究・論文執筆や経営・マネジメントへの貢献を目標にするなど、医師のキャリアステージによる違いがみられる。若手医師は勤務先医療機関内の同僚の医師とより多くの強いタイを築いて臨床に関する知識・技術を習得していると考えられる。一方、ベテラン医師は、臨床に関する知識・スキルをアップデートする必要はあるが、すでに修得した知識・スキルを使って自律的に臨床に臨むことができるため、医療機関内のネットワークは比較的小さく、代わって、研究を行うために海外在住者にネットワークを広げている。

　他の説明変数をみると、内科ダミーの係数は、医療機関内のタイの数とタイの強さの両方について、有意にプラスの値を示している。内科医は他の診療科の医師よりも勤務先の病院内で他の医師との強い連携を必要としているとみられる。また、医師数という変数についても、医療機関内のタイの数とタイの強さの両方について有意にプラスであり、規模の大きな病院では、医師の分業と専門化が進んでいる中で、医師間の連携も強めていると推測できる。また、性別ダミーは医療機関内のタイの強さに関して1%水準で有意にマ

イナスとなっており、男性よりも女性の方が強いタイを築いていることは注目に値するが、これが女性の置かれた院内での役割によるのか、女性の性質によるのかは本研究からは明らかではない。

表 7-6　年齢モデルの変数の定義

変数名	定義と記述統計量
医療機関内タイの数	表 7-1 の同じ医療機関に同じ 最小値＝1，最大値＝5，平均値＝3.86，標準偏差＝1.17
海外在住者タイの数	表 7-1 の海外在住者に同じ 最小値＝1，最大値＝−5，平均値＝1.24，標準偏差＝0.70
医療機関内タイの強さ	同じ医療機関内の医師で過去 1 年間に最も多く知識交換を行った医師との間の知識交換の頻度。年 1 回＝1，年 2-3 回＝2，1 か月に 1 回＝3，週に 1 回＝4，週に 2-3 回以上＝5 最小値＝1，最大値＝−5，平均値＝4.24，標準偏差＝1.01
都道府県内＿職場	同じ都道府県内の他の医療機関の医師で過去 1 年間に最も多く知識交換を行った医師と出会った経緯が職場の同僚・元同僚＝1，その他＝0 最小値＝0，最大値＝1，平均値＝0.60，標準偏差＝0.49
都道府県内＿学会	同じ都道府県内の他の医療機関の医師で過去 1 年間に最も多く知識交換を行った医師と出会った経緯が学会・研究会＝1，その他＝0 最小値＝0，最大値＝1，平均値＝0.31，標準偏差＝0.46
他都道府県＿学生時代	他の都道府県内の医療機関の医師で過去 1 年間に最も多く知識交換を行った医師と出会った経緯が学生時代の友人・先輩後輩・先生＝1，その他＝0 最小値＝0，最大値＝1，平均値＝0.36，標準偏差＝0.48
他都道府県＿職場	他の都道府県内の医療機関の医師で過去 1 年間に最も多く知識交換を行った医師と出会った経緯が職場の同僚・元同僚＝1，その他＝0 最小値＝0，最大値＝1，平均値＝0.32，標準偏差＝0.47
他都道府県＿学会	他の都道府県内の医療機関の医師で過去 1 年間に最も多く知識交換を行った医師と出会った経緯が学会・研究会＝1，その他＝0 最小値＝0，最大値＝1，平均値＝0.56，標準偏差＝0.50

次に、都道府県内の他の医療機関の医師とのタイと、他の都道府県の医師

とのタイの形成の経緯について、若手医師とベテラン医師の違いを見てみよう。形成の経緯として「学生時代の友人、先輩・後輩、先生」、「職場の同僚、元同僚」、「学会・研究会」を取り上げる。例えば、都道府県内の他の医療機関の医師と出会った経緯が「職場の同僚、元同僚」であるならば、表7-6の都道府県内＿職場という変数は1である[2]。他の経緯についても同様である。

表7-7は、これらの経緯を示す変数を被説明変数としてロジスティック回帰分析を行い、若手医師とベテラン医師の間で違いが見られた経緯についてのみ、分析結果を示している。

表7-7　年齢によるネットワーク形成の経緯の違い

	都道府県内＿職場	都道府県内＿学会	他都道府県＿学生時代	他都道府県＿職場	他都道府県＿学会
若手医師ダミー	0.726 (0.305)**	−0.629 (0.329)*	0.707 (0.322)**	0.776 (0.331)**	−1.471 (0.343)***
性別ダミー	−0.157 (0.273)	0.345 (0.298)	−0.055 (0.318)	−0.011 (0.330)	0.306 (0.322)
内科ダミー	−0.646 (0.272)**	0.298 (0.292)	−0.052 (0.306)	−0.448 (0.332)	0.078 (0.309)
外科ダミー	−0.144 (0.286)	0.426 (0.297)	0.083 (0.316)	0.507 (0.317)	−0.124 (0.315)
民間病院ダミー	−0.200 (0.242)	0.068 (0.258)	0.022 (0.266)	0.212 (0.274)	−0.583 (0.266)**
医師数	0.121 (0.128)	0.365 (0.144)**	−0.205 (0.142)	−0.159 (0.147)	0.295 (0.144)**
大都市ダミー	−0.453 (0.303)	0.207 (0.313)	0.665 (0.333)**	0.069 (0.357)	−0.229 (0.340)
サンプル数	347	347	289	289	289
カイ2乗	18.609**	18.601**	8.091	12.656*	28.828***

注）***$p < 0.01$, **$p < 0.05$, *$p < 0.1$

表7-7の若手医師ダミーに着目すると、「都道府県内＿職場」、「他都道府県＿学生時代」、「他都道府県＿職場」を被説明変数とする場合に係数が有意に

162

プラス、「都道府県内＿学会」と「他都道府県＿学会」を被説明変数とする場合に有意にマイナスである。すなわち、「若手医師はベテラン医師よりも、都道府県内ネットワークと他都道府県ネットワークを、職場の同僚・元同僚という関係で形成することが多く、逆に学会・研究会を通して形成することが少ない。

　このことは医師のキャリア形成と関連していると考えられる。2004年の新医師臨床研修制度の導入後に、医師のキャリアに与える医局の影響力は弱まったものの、出身大学の医局に所属する人は少なくない。第2章で述べたように、医局に入った医師は研修修了後も半年から3年の周期で医局の指示のもとで大学と関連病院の間をローテーションしながらキャリアを形成する。関連病院は大学病院の立地する都道府県や近隣の都道府県であることが多い。したがって、若手医師は自分および他の医師がローテーションで移動することを通じて、職場の同僚・元同僚の範囲を広げ、都道府県内や他の都道府県とのネットワークを形成していると考えられる。高田・横田 (2010, p.17) は、この状況を「医局を中心に関連病院とのネットワークがあらかじめ形成されており、そのネットワークの上を医師が移動しながら、個人の人的ネットワークも形成されている」と表現している。

　また、都道府県内の医療連携が政策によって推進されている中で、病院や診療所間の連携が成立するまでに、相互理解を形成するための会議や研究会が開催される（川端・妹尾 2009）。そのような会は、医師の都道府県内ネットワークの形成の機会になるが、そこに出席するのは、若手医師よりもベテラン医師が多いために、若手医師は都道府県内ネットワークを学会・研究会を通して形成することが相対的に少ないという可能性も考えられる。

　また、若手医師はベテラン医師よりも、他都道府県ネットワークのタイを、学生時代の友人・先輩後輩・師弟関係により形成する確率が高い。若手医師

は、学卒後の経験年数が短いため、学生時代の関係を継続しやすいと同時に、学会等の経験を積んで都道府県内外の医師と新たな関係を築く機会が少ないと考えられる。ただし、先の分析から、都道府県内ネットワークと他の都道府県ネットワークのタイの数と強さに関しては、若手医師とベテラン医師の間に有意な違いがないことから、ベテラン医師は学生時代の関係に基づくネットワークのタイを失っていくが、それを学会等の新たな活動で築いたタイに変えているとみられる。

7.5. ディスカッション

　本章の分析から、医師のネットワークは勤務先医療機関内を中心に形成され、同じ都道府県の他の医療機関、他の都道府県、海外という具合に地理的距離が大きくなるにつれて、ネットワークを形成している人の数もネットワークのタイの数も減少することが明らかとなった。このことは、地理的近接がタイの形成確率を高めるという多くのネットワーク研究の結果と一致する。また、勤務先の医療機関の医師とは問題解決知識を交換している人が 86%で圧倒的に多いが、同じ都道府県、他の都道府県、海外と距離が大きくなるにつれ、問題解決知識を最も多く交換している人の割合が減り、代わって先端知識を吸収している人の割合が増えることも見出された。すなわち、問題を共有し、問題の発生したコンテキストを理解しやすい地理的距離の近い医師との間では問題解決知識、距離が遠くても先端知識が生まれている場所の医師とは先端知識をやりとりしている。さらに、専門サービス業の社員と知識交換を行っている医師が約 7 割存在し、彼らとのネットワークは、主に医療機器や新薬に関する知識の交換に使われているが、問題解決知識や先端知識の交換にも貢献している。

　また、本研究では、同じ医療機関、同じ都道府県の他の医療機関、他の都道府県、海外、専門サービス業の 5 つのカテゴリーに分けてネットワークの有無とタイの数を調べたところ、カテゴリー間のタイの数にはプラスの相関がみられた。つまり、医師は特定のカテゴリーに特化してネットワークを発達させているというよりも、様々なカテゴリーで多くの医師と知識交換を行っている医師がいる一方で、どのカテゴリーの医師との知識交換にも消極的な医師が存在する傾向がみられた。

　このようなネットワークの保有は医師のパフォーマンスに影響を与えている。すなわち、医療機関内のタイが多いことは、医師のパフォーマンスを高める要因にはならないが、組織外のタイは外部知識の吸収源となって、パフォーマンスの向上に貢献している。例えば、患者の治療には都道府県内の他の医療機関の医師や専門サービス業の社員とのネットワークが、また、論文発表といった学術研究の成果には、他の都道府県の医師や海外の医師とのネットワークがプラスの効果をもっていることが明らかになった。

　当然のことながら、同じ医療機関の医師同士が知り合うきっかけは職場が多いが、都道府県内の他の医療機関の医師とネットワークを形成した経緯は、過去に職場の元同僚であったことや同じ大学で学んだことが多いのに対して、他の都道府県や海外とのネットワークは、学会・研究会を通じて形成されることが多い。また、タイの保有状況と形成の契機は医師のキャリアの段階によっても異なる。すなわち、若手医師はベテラン医師よりも、勤務先医療機関内のタイの数が多く、しかもそのタイは強いことが見出され、勤務先医療機関内の他の医師から知識・技術を吸収していることがわかる。また、若手医師はベテラン医師よりも、都道府県内ネットワークと他都道府県ネットワークを、職場の同僚・元同僚という関係で形成することが多く、医局の関連病院をローテーションしたり、前期研修、後期研修、研修終了後の本格的勤

務へとステップアップをする過程で移動を行ったりしながら、ネットワークを発展させているとみられる。逆にベテラン医師は若手医師よりも勤務先組織外の医師とのタイが多く、特に、海外の医師とのタイは有意に多い。また、ベテラン医師は若手医師よりも学会・研究会を通してネットワークを形成するという特徴がみられる。

　以上のように、医師のパーソナルネットワークは、勤務先病院、医局、学会という所属組織の影響を受けている。さらに、国の政策の影響も受けていると考えられる。例えば、勤務先組織外のネットワークを職場の元同僚との間で築いている医師は多いが、これは、医師の自発的転職や医局の指示による病院間ローテーションによって形成されるばかりではなく、医師不足により病院間で医師を相互派遣するシステムによっても形成される。

　第 2 章で言及したように、医師国家試験の受験資格は医学の正規の課程を修めて卒業した者に与えられており、言い換えれば、医師数は政策によって決まる医学部の入学定員数に左右される。医学部の入学定員は、1973 年に閣議決定された「無医大県解消構想」により 1980 年頃までは増加したが、その後は医師過剰の見通しから、1981 年の 8280 人から 2003-2007 年の 7625 人に減少し、医師不足が認識されるようになった [3]。しかも 2004 年の医師臨床研修制度の導入により、大学病院以外で研修を受ける医師が大幅に増加したことにより、若手医師が不足するようになった大学病院は、関連病院から医師を引上げたため、医師不足が深刻化する病院が生じた。このような状況の中で、医師不足に悩む地方都市の自治体病院を中心に、ゆとりのある科の医師を近隣病院に派遣し、代わりに不足する科の医師を派遣してもらうという病院間の医師の相互派遣が進んだ（吉良 2008）。

　日本労働研究・研修機構 (2012) によると、全国 20 床以上の病院に勤務する 24 歳以上の医師を対象に行った調査（有効回収 3467、有効回収率 31.0%）に

おいて、常勤の医師でも半数以上が複数の勤務先を持ち、非常勤やアルバイトとして他の医療機関で働いていた。その理由のうち、勤務先からの指示が約 37%、不足している専門科の病院からの要請が約 34%であり、限られた数の医師を病院間で融通し合っている様子がうかがえる。このことは医師の長時間労働につながる危険をはらんでいるが、医師がネットワークを広げる機会にもなっていると考えられる。

　また、政策により地域医療連携が促進され、診療所や中小病院、急性期病院、リハビリテーション・療養型病院、訪問看護・在宅看護・往診医は連携して、患者が急性期から回復期、慢性期を経て在宅療養へスムーズに移行できるように都道府県単位（第三次医療圏）で体制を整備することが推進されてきた（秋山 2008）。このような連携を行う過程で、医師は都道府県内の他の医療機関の医師と会合を開き、工程や共有すべき情報について話合いを行ってきた。そのような政策が勤務先の医療機関の枠を超え、都道府県内の医師のネットワークの形成や発展につながっていると考えられる。

　以上のような政策の影響は、政策導入前後による医師ネットワークの違いを分析することにより明らかにされるべき今後の課題である。また、本章では、診療科や医療機関の種類（大学病院・公立病院、民間病院など）をダミー変数で区別したところ違いが観察されたため、今後は対象を限定して、各対象につき精緻な分析を行うことも求められる。さらに、海外で研究が行われているような患者共有（紹介）ネットワークの形成要因や知識共有に関する分析、ネットワークを通じた特定の治療方法の普及に関する分析、医師とコメディカルスタッフとのネットワークの分析など、医師のパーソナルネットワークの分析に残された課題は多い。

注)

1) https://www.dr-10.com/lab/fullfledged-doctors/ （2023 年 2 月 24 日閲覧）

2) 医師調査では知り合った経緯に関する回答は複数回答を可としている。同じ都道府県に関する回答者 405 人のうち、「学生時代の友人・先輩後輩・先生（①）」と「職場の同僚・元同僚（②）」の両方を選択した人は約 21%、①と「学会・研究会（③）」の両方を選択した人は約 9%、②と③の両方を選択した人は約 10%であった。また、他の都道府県に関する回答者 403 人のうち、①と②の両方を選択した人は約 11%、①と③の両方を選択した人は約 10%、②と③の両方を選択した人は約9%であった。

3) 医学部定員に関する記述は、文部科学省の以下を参考にしている。

https://www.mext.go.jp/b_menu/shingi/chousa/koutou/043/siryo/__icsFiles/afieldfile/2011/01/18/1300372_1.pdf（2020 年 8 月 19 日閲覧）

https://www.mext.go.jp/component/b_menu/shingi/toushin/__icsFiles/afieldfile/2019/01/11/1410521_2.pdf（2020 年 8 月 19 日閲覧）

第8章 ナレッジワーカーのパーソナルネットワーク
による知識交換

　本章では、前章までの研究者と医師のパーソナルネットワークの分析によって見出されたことをまとめ、さらに、ナレッジワーカー一般の、知識交換のためのパーソナルネットワークの形成と利用に影響を与える要因を考察し、ナレッジワーカーの知識交換ネットワークに関する今後の研究課題について展望する。

8. 1.　本書で見出されたこと

　ナレッジワーカーは、仕事の遂行上で高度な専門知識を必要とする。中でもプロフェッショナルは、教育訓練によって専門知識を習得し、そのレベルを評価されてライセンスを与えられたあとでも絶えず学習をし、知識を維持・向上させていかなければならない。野中・紺野 (2003) は、知識社会ではナレッジワーカー一人一人が主役で、個性的に働きながらネットワークにより知を結集しているが、その社会は、持続的な知的錬磨を怠れば脱落する危険を孕んだ厳しい社会であることを指摘している。

　本書の対象とした研究者や医師には、勤務先組織や学会などで提供されるOJT や Off-JT の機会もあるが、自発的に学ぶ自学も重要である。一般的に、組織の関心外の内容や指導する人材の不足などの理由により、組織が提供す

る教育訓練と個人が学びたい内容が一致しない場合は多い（松本 2013）。自学の手段として同じ関心や問題を持つ人たちとのパーソナルネットワークを通じた知識の交換は重要である。ダベンポートは必要に応じて外部から知識を吸収する方法として、データベース、インターネット、出版物、教育講座などの利用に加え、見落とされがちではあるがソーシャルネットワークの利用が重要だと指摘しているが (Davenport 2005)、ネットワークは知識獲得のためにどのように利用されているのか、それはどのような範囲で広がり、どのようにして形成されるのかなど、明らかにされていないことは多い。

　そこで本書は、全国の国立大学と国立研究所の研究者を対象にしたアンケート調査と、全国の病院に勤務する医師を対象にしたアンケート調査から得られたサンプル（前者1004、後者426）を用い、第1章で紹介した6つの基本的な問いで知識交換ネットワークの概略をつかみ、さらに、4つの分析的な問いでネットワークの詳細を明らかにした。以下において、本書で明らかになった主要なポイントを、若干の新たな分析も加えながらまとめよう。

8.1.1. 他の知識獲得チャネルと比較したパーソナルネットワークの利用

　第 2 章では、パーソナルネットワークの知識交換相手によって、獲得される知識の種類が異なることが明らかになったが、全体的にパーソナルネットワークは先端知識と問題解決知識を獲得するために用いられている。そこで、第 2 章で得られた情報をもとに、先端知識と問題解決知識に限定して、様々な知識獲得チャネルの中でのパーソナルネットワークの位置づけについて整理しておこう（表8-1）。

　まず、研究者が知識獲得のために最も多く利用するチャネルは、先端知識についても問題解決知識についても出版物（学術雑誌、書籍など）であり、医師の場合は、先端知識については研究会（学会、国際会議、セミナーなど）、

問題解決知識については出版物である。

　パーソナルネットワークを最も頻繁に用いている人は、先端知識に関しては研究者も医師も 5%程度であるが、問題解決知識については、研究者の約 29%、医師の約 22%に相当する。さらに、第三番目までの知識源としてパーソナルネットワークを利用して知識を獲得している人は、先端知識については研究者の約 48%、医師の約 33%、問題解決知識については、研究者の約 72%、医師の約 58%にのぼり、パーソナルネットワークは無視することのできない重要な知識獲得チャネルになっている。

　出版物や研究会は多くの人に開かれているが、パーソナルネットワークの場合は、範囲やそれにアクセス可能な人が限定されているため、知識の普及の範囲が制限される。同時に、特定のパーソナルネットワークにアクセスできれば、アドバンテージを得ることができる。そこで、パーソナルネットワークに焦点を当てた研究が重要になる。

　上述のように、パーソナルネットワークは、特に問題解決知識の獲得のために利用されている。出版物や研究会は一般化された知識や形式知を獲得する上で有用であることから、先端知識の獲得に向いているとみられる。一方、パーソナルネットワークは、信頼でき、かつ、問題の起こったコンテキストを理解できる特定の相手に、問題の内容を開示してそれに合った知識を求めることができるため、問題解決知識の獲得に向いていると考えられる。問題を解決するために研究者同士が知識交換をする過程で、知識が創造されることもあると考えられる。ウエブにも特定の目標と関心をもつ人々が集うバーチャルコミュニティ (VC) があり、そこでは匿名で問題について相談をして解答をうることができるが、パーソナルネットワークの場合は、信頼できるコンタクトと交流していることから質がある程度保障されている上に、必要に応じて出会い、フェイス・ツー・フェイスのやりとりが可能であるという良

さもある。

　また、表8-1に示されるように、医師よりも研究者にとって、パーソナルネットワークは重要なチャネルである。また、ウエブについて利用しているサイトに研究者と医師の間で違いがある。すなわち、最も多く利用されているサイトは、先端知識と問題解決知識の両方について、医師の場合は学会のサイト、研究者の場合は先端知識が研究機関のサイト、問題解決知識が研究者個人のサイトである。研究者の場合は、最新の知識や稀少な知識をもつことがアドバンテージになり、中核となる研究機関が提供するサイトや研究をリードする注目すべき研究者のサイトがそのソースになっていると考えられる。これに対して医師の場合は、第1章で論じたように、既に確立し体系化された知識をある種の技能として提供するため、知識は標準化されていることが望ましく、専門知識や技術についての標準化と正当化を行っている学会のサイトを利用しているとみられる。

表 8-1　研究者と医師の知識獲得チャネルの違い

調査対象	知識獲得チャネル	先端知識	問題解決知識
研究者	最も利用しているチャネル	出版物（約52%）	出版物（約39%）
	ネットワーク第一	約6%	約29%
	ネットワーク利用	約48%	約72%
	利用ウエブ第一	研究機関のサイト	研究者の個人サイト
医師	最も利用しているチャネル	研究会（約46%）	出版物（約37%）
	ネットワーク第一	約4%	約22%
	ネットワーク利用	約33%	約58%
	利用ウエブ第一	学会のサイト	学会のサイト

　次に、どのような特徴をもったプロフェッショナルがパーソナルネットワークを最も頻繁に利用するのかという問いに関しては、研究者を対象にした

第 3 章の分析から、先端知識の場合も問題解決知識の場合も、能力の高い研究者であることが明らかになった。本書では、「同じ専門分野の研究者の平均より優れた専門知識・技術をもっている」、「英語でのコミュニケーション能力に自信がある」、「他者に対してうまく説明して理解してもらえる能力に自信がある」、「他者の知識・情報を吸収して理解できる能力に自信がある」という 4 項目の主成分得点で能力を測定した。能力の高い研究者は交換に値する知識を多くもっている可能性が高く、互恵の規範で成り立っているとみられる知識交換ネットワークにおいて、多くの研究者が能力の高い研究者にアクセスしてくると考えられる。能力のネットワーク利用への効果は、問題解決知識よりも先端知識の獲得において大きく、能力の高い研究者を中心に、先端知識の交換ネットワークが形成されていると推察できる。パーソナルネットワークを利用することにより、論文や学会を通して普及する前の知識やアイデアにいち早くアクセスすることができ、論文等では表現しきれない暗黙知の吸収などのベネフィットも得られる。こうして誰でも利用可能なウエブが発達した今日においても、能力の高い人たちを中心に形成されたパーソナルネットワークが存在し、ここで流れている知識にアクセスできることは、研究者にとってアドバンテージになると考えられる。

　そのアドバンテージを得る方法として、第 3 章では研究者の移動の効果が示唆された。すなわち、海外で 1 年以上の研究経験のある研究者は、先端知識の獲得にパーソナルネットワークを第一に利用する傾向があり、また、転職経験のある研究者は、問題解決知識の獲得にパーソナルネットワークを第一に利用する傾向がみられた。ウエブは地理的制約を受けないが、パーソナルネットワークは地理的に近いところで形成されやすいため (Dahl and Pedersen 2004, Singh 2005, Head, Li, and Minondo 2019) 、海外とのネットワークの構築は容易ではない。海外への移動は海外の研究者と出会ってネットワー

ク形成する契機となり、また、インターネット等のテクノロジーの発達により、帰国後にも大きな地理的距離を克服してそれを維持することが容易になっている。また、転職をしてもかつての職場の同僚とコンタクトを維持することは可能であり、移動経験によりネットワークを広げた人が、豊かなパーソナルネットワークを主要な知識源として利用する傾向がある。

　また、デモグラフィックとしては、年齢の若い人ほど、また、テニュアをもっている人はもっていない人よりも知識獲得のためにパーソナルネットワークを利用する傾向がみられた。若い研究者は先輩研究者から学ぶことが多い可能性が考えられる。また、テニュアのある研究者は一人前の研究者として広く認められ、利用可能なパーソナルネットワークを広く形成していることに原因があると推測できる。さらに、問題解決知識に関しては、外国人よりも日本人、大学よりも国研の研究者についてパーソナルネットワークを利用する傾向がみられた。これらは周囲に研究上の問題解決について相談できる研究者がいる確率に関係していると考えられる。すなわち、日本人の多い研究環境の中で日本人はネットワークを形成しやすい可能性があり、また、国研の場合は同じ分野の研究者が一つの場所に集まっているためネットワークを利用しやすい可能性がある。

8.1.2.　パーソナルネットワークを利用する動機

　第 2 章ではパーソナルネットワークを用いて知識を交換することに関する態度や動機について、リッカートの 5 点尺度で測った結果を紹介した。そこでは、研究者と医師の両方について、4 以上の高い平均が得られた項目は、「知識・情報の共有は科学技術/医療の発展のために必要である」と「仲間と知識・情報を共有すると自分の仕事がはかどる」という 2 項目であった。逆に、研究者と医師の両方について平均が 3 未満の比較的低い項目は、「知識・

情報を教えると自分の影響力が強まる」に加えて、「知識・情報を教えると自分や所属組織のアドバンテージが失われる」、「知識・情報に自信がもてない限り、他の人には伝えたくない」、「守秘義務が知識・情報の共有の制約になっている」という知識を秘匿しようとする態度であった。また、研究者と医師の比較では、それらの知識を秘匿しようとする態度は医師よりも研究者の場合に強いことが明らかになった。研究者の世界ではオリジナリティをめぐって競争が行われていることや、研究成果が市場で莫大な利益をもたらす可能性があることに原因があると考えられる。

　また、「知識・情報を教えると自分の影響力が強まる」や「知識・情報を教えると自分や所属組織のアドバンテージが失われる」などの平均値が低い理由として、たとえ自分にとって大きな要因であっても、「知識・情報の共有は科学技術/医療の発展のために必要である」などと比べて、素直に高い点数を選択しにくい可能性も考えられる。また、平均値の高い項目も低い項目も人による違いはある。そこで、項目間の相関をみながら、パーソナルネットワークを通じた知識交換に対する態度や動機の特徴をとらえ、知識交換の積極性にプラスの影響とマイナスの影響を与える態度や動機を探ってみよう。

　まず、知識交換の積極性は「知識・情報は聞かれれば答えるが、自分からは積極的に提供しない」という項目に関する反転尺度とする。すなわち、この問に対して1を選択した場合は5、5を選択した場合は1という具合に変換をし、「知識・情報は聞かれなくても自分から積極的に提供する」という内容に対する5点尺度とする。図8-1と図8-2は研究者と医師それぞれについて、各項目間の相関係数で5%以下の水準で有意（両側）であったもののみを示している。

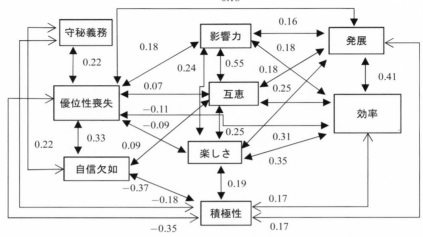

図 8-1　研究者の知識交換の動機

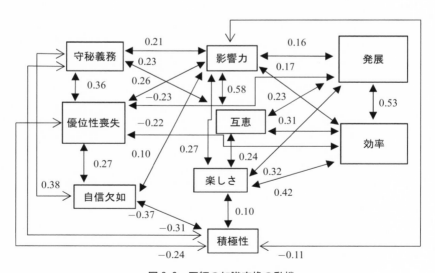

図 8-2　医師の知識交換の動機

　図中の用語は表8-2で説明されているように、アンケート調査項目の省略語である。

表 8-2　省略語一覧

アンケート調査項目	省略語
知識・情報を教えると将来お返しに知識・情報を提供してもらえる	互恵
知識・情報を教えると自分の影響力が強まる	影響力
知識・情報の共有は科学技術/医療の発展のために必要である	発展
仲間と知識・情報を共有すると自分の仕事がはかどる	効率
知識・情報を共有するプロセスが楽しい	楽しさ
知識・情報を教えると自分や所属組織のアドバンテージが失われる	優位性喪失
知識・情報に自信がもてない限り、他の人には伝えたくない	自信欠如
守秘義務が知識・情報の共有の制約になっている	守秘義務
知識・情報は聞かれなくても自分から積極的に提供する	積極性

　まず、図8-1の研究者の場合は、知識提供の積極性とプラスの相関のある項目は「楽しさ (0.19)」、「効率 (0.17)」、「発展 (0.17)」の3つである。上述のように、発展と効率は平均値が 4 以上の主要な動機であり、科学の発展や仕事の効率化のために、他の研究者と知識共有が必要だと認識することが、パーソナルネットワークを通じて積極的に知識を提供することにつながっている。

　同様に「楽しさ」も積極性とプラスの相関があり、しかもそのプラスの相関係数は「効率」と「発展」以上に大きい。また、「楽しさ」は、「効率 (0.35)」、「発展 (0.31)」、「影響力 (0.24)」、「互恵 (0.25)」、「優位性喪失 (−0.09)」の 5 項目とも有意な相関がある。すなわち、仕事の効率と科学の発展のために知識の共有は役立つと考えている研究者は知識共有のプロセスを楽しんでいる傾向がある。同時に、将来の知識のお返しや自分の影響力が強まることを期待して他の研究者に知識を与えている研究者も、知識共有を楽しんでい

る傾向がある。反対に、知識共有を楽しむことと、知識を教えることで優位性が失われると認識することは、相容れない傾向がみられる。

　知識提供の積極性とマイナスの相関のある項目は、「自信欠如 (−0.37) 」、「優位性喪失 (−0.35) 」、「守秘義務 (−0.18) 」であり、これらの 3 項目は互いに正の相関がある。また、「優位性喪失」はリッカート尺度の平均は 3 未満であるが、7 項目と相関している。すなわち、「影響力 (0.18) 」、「互恵 (0.07) 」、「発展 (−0.18) 」、「効率 (−0.11) 」、「楽しさ (−0.09) 」、「守秘義務 (0.22) 」、「自信欠如 (0.33) 」と相関している。影響力の強化や将来の知識のお返しを期待して知識提供を行う研究者は、同時に、優位性の喪失を恐れて知識提供に慎重になる側面ももっている。また、守秘義務を守ろう、自信のない知識を人に伝えるのはやめようと思っている研究者は、優位性の喪失を恐れて知識提供に消極的な研究者でもある。逆に、研究の発展や仕事の効率化のために知識の共有は役立つと強く思っている研究者と知識共有のプロセスを楽しんでいる研究者は優位性の喪失を気にしない傾向がある。

　また、「影響力」と「互恵」は知識提供の積極性と直接的な有意な相関がない項目である。しかし、「互恵」は 6 つの項目と相関をもつ項目であり、また、「影響力」と「互恵」の相関は 0.55 で最も高い。影響力も互恵も他者との直接的な関係に重点を置く動機である。「互恵」と相関をもつ項目は「影響力」以外に、「効率 (0.25) 」、「楽しさ (0.25) 」、「発展 (0.18) 」、「自信欠如 (0.09) 」、「優位性喪失 (0.07) 」である。これらはいずれも知識提供の積極性とプラスもしくはマイナスの有意な相関をもち、かつ互恵とはプラスの相関をもっている。互恵の規範に基づいて知識提供を行っている研究者は、他者への影響力を意識し、仕事の効率と科学の発展のために知識の共有は役立つと考え、知識共有のプロセスを楽しんでいる一方で、自信のない知識を人に伝えることを躊躇し、知識提供が優位性の喪失につながることを恐れている研究者で

もある。まさに研究者の多様な側面を持ち合わせた研究者であるように見受けられる。

　次に、図8-2の医師の場合は、知識提供の積極性とプラスの相関のある項目は「楽しさ (0.10)」のみである。「楽しさ」が知識提供の積極性とプラスの相関をもつことは研究者の場合と同じである。「楽しさ」は、「効率 (0.42)」、「発展 (0.32)」、「影響力 (0.27)」、「互恵 (0.24)」とプラスの相関がある。言い換えれば、知識共有のプロセスを楽しんでいる医師は、知識共有が仕事の効率と医療の発展にとって必要であると認識し、将来の知識のお返しや自分の影響力が強まることを期待して知識を提供している医師でもある。

　一方、知識提供の積極性とマイナスの相関のある項目は、研究者の場合と同様に、「自信欠如 (−0.37)」、「守秘義務 (−0.31)」、「優位性喪失 (−0.24)」である。さらに、医師の場合は「影響力 (−0.11)」もこれに加わる。すなわち、知識・情報を教えると自分の影響力が強まるとは考えていない医師の方が聞かれなくても積極的に知識を提供している。

　影響力は「互恵 (0.58)」、「楽しさ (0.27)」、「優位性喪失 (0.26)」、「守秘義務 (0.21)」、「効率 (0.17)」、「発展 (0.16)」、「自信欠如 (0.10)」の7つの項目とプラスの相関をもっている。すなわち、影響力は研究者の場合の「互恵」と同様に、知識提供の積極性とプラスの相関のある項目とも、マイナスの相関をもつ項目とも、プラスの相関をもつ項目であり、また、「影響力」と「互恵」の相関は 0.58 で最も高い。影響力が強まることを期待して知識を提供している医師はお返しも期待しているが、同時に知識提供により優位性が失われることも危惧している。また、知識提供を楽しんだり、医療の発展や仕事の効率のために知識提供は必要だと認識したりしてもいるが、守秘義務のある知識や自信のない知識は提供したくないという慎重な態度をとっている。影響力は、医師の場合に、知識提供の態度や動機の相関図の中で中心的な位置を

占めるキーワードである。

　また、「優位性喪失」も知識提供の積極性とマイナスの相関をもつ項目である。これは、「影響力 (0.26) 」、「守秘義務 (0.36) 」、「自信欠如 (0.27) 」とはプラスの相関、「効率 (−0.22) 」、「発展 (−0.23) 」とはマイナスの相関を示している。医療の発展や仕事の効率を考えて知識を提供する医師は、優位性の喪失を恐れてはいない。また、守秘義務を果たす、自信のない知識は伝えない、影響力を考えるという医師は、自分や組織の相対的アドバンテージを考える医師でもある。

　以上のように、研究者と医師のパーソナルネットワークを通じた知識共有の態度・動機は似たような傾向を示している。両者の違いは、「発展」と「効率」が研究者の場合は知識提供の積極性とプラスの相関を示しているが、医師の場合にはその相関がないことである。また、知識提供の態度や動機の相関図の中で中心的な位置を占めるキーワードにも違いがあり、研究者の場合は「互恵」と「有意性喪失」、医師の場合は「影響力」である。

8.1.3.　パーソナルネットワークの範囲とタイの強さ

　本書では知識交換の相手となりうる研究者や医師をいくつかのカテゴリーに分け、そのカテゴリーに属する人達と過去 1 年間に仕事に関する知識交換を行っているか否かによってパーソナルネットワークの範囲を捉えた。「研究者調査」と「医師調査」の結果は表8-3にまとめられている。表の「タイ有の割合」は、各カテゴリーの相手について少なくとも一人と過去 1 年間に知識交換を行ったことのある人の割合を示している。また、「タイの数平均」は、各カテゴリーの相手の数の平均値を示している。

　医師の場合は、「同じ機関内の医師」、「都道府県内の医師」、「他都道府県の医師」、「海外の医師」という具合に相手との地理的距離が離れるほど、その

相手とタイをもつ人の割合もタイの平均数も減少する。研究者の場合は、「同じ機関の研究者」よりも「国内他研究機関」の研究者の方が地理的距離は長いがタイ有の割合もタイの数の平均も若干大きくなっている。

　しかし、さらに距離の離れた「海外の研究者」となるとタイ有の割合もタイの数の平均も減少する。さらに、「民間企業の研究者」や「専門サービス業者」は国内在住であるが、制度的距離があるため、「国内他研究機関の研究者」よりもタイ有の割合もタイの数の平均も低い。したがって、地理的距離や制度的距離はネットワーク形成と利用の障害になっていると考えられる。

　また、本書ではタイが形成されている場合にその強さを相手との過去 1 年間の知識交換の頻度と相手と交流を続けている年数で測った。表8-3には、各カテゴリーにつき知識交換を最も多く行った人とのタイの強さが示されている。

　これを見ると、医師の場合も研究者の場合も月 1 回以上の頻度で知識交換を行う人の割合は、地理的距離の大きい相手ほど少なくなっており、頻度で測ったタイの強さは地理的距離が長くなるほど弱くなることがわかる。また、研究者の場合は制度的距離のある民間企業の研究者や専門サービス業者についても、国内にある他大学や国研と比べて、頻度で測ったタイの強さが弱くなっており、制度的距離が障害になっている。一方、医師の場合は、専門サービス業者とのタイは他都道府県の医師とのタイよりも強く、専門サービス業者が医療機関に出入りすることにより、制度的距離のマイナスの影響が地理的距離の近さでカバーされていると考えられる。さらに、平均交流年数でタイの強さを測ると、医師の場合も研究者の場合も、同じ機関よりも国内他機関とのタイの方が強い。しかし、制度的距離のある専門サービス業者や民間企業とのタイは、平均交流年数で測っても相対的に弱い。

表 8-3　知識交換　ネットワークのタイの数と強さ

知識交換の相手	タイ有の割合	タイの数平均	頻度月1以上の割合	平均交流年数	主に交換する知識
研究者					
同じ機関	97.3%	8.1	79.4%	10.1 年	問題解決
国内他研究機関	98.5	9.0	46.6	12.2	先端
海外	71.8	4.0	16.8	9.3	先端
民間企業	73.7	4.7	23.1	7.1	研究・技術シーズ
専門サービス	29.4	1.1	3.8	4.8	装置、データ
医師					
同じ機関	96.2	8.9	88.0	7.4	問題解決
都道府県内	93.6	7.3	48.3	10.7	問題解決
他都道府県	77.7	5.1	15.7	10.5	問題解決
海外	14.5	0.6	1.7	8.6	先端
専門サービス	71.2	5.5	44.7	3.7	機器、新薬

注）タイの数はアンケート調査票ではレンジで尋ねたため、次のように変換
して平均を求めた。すなわち、0は0、1~2は1.5、3~5は4、6~10は8、11以
上は15である。

　パーソナルネットワークの範囲はネットワークを通じて交換される知識の
種類とも関連している（表 8-3）。すなわち、研究者の場合は、同じ機関の研
究者と交換している知識は主に問題解決知識であるが、国内他大学・国研や
海外の研究者とは先端知識、民間企業の研究者とは研究・技術のシーズを交
換している。また、医師の場合は、同じ機関、都道府県内、他都道府県の医
師とはいずれも問題解決知識を交換している人が最も多いが、海外の医師と
は先端知識、専門サービス業者とは医療機器や新薬に関する知識を交換して
いる。
　さらに、研究者を対象にした第 4 章の詳細な分析からは、パーソナルネッ

トワークの範囲とタイの強さとネットワークを通じて交換される知識の種類との関係が見出された。すなわち、タイの強さを知識交換の頻度で測ると、二者の地理的距離と制度的距離が短いほど二者をつなぐネットワークのタイは強く、タイが強いほど、そのタイを通じて先端知識と問題解決知識が吸収される確率が高まることが明らかになった。

　しかし、タイの強さの効果をコントロールすると、地理的距離は先端知識と問題解決知識に反対方向の効果をもつことも見出された。すなわち、地理的距離が長いほどそのタイを通じて先端知識が獲得される確率は高まるが、問題解決知識が獲得される確率は低くなる。一方、制度的距離については、タイの強さの効果をコントロールしても、先端知識と問題解決知識の両方にマイナスの効果があることも明らかになった。言い換えれば、地理的距離でも制度的距離でも、距離が短い方がタイは強くなって知識吸収確率を高めるが、距離の長いタイでなければ吸収できない知識がある。強いタイは凝集的なネットワークに埋め込まれていることが多く、重複した情報源になりがちで、新しい情報の獲得には適さないが、弱いタイは逆に斬新な知識ソースになる傾向がある (Granovetter 1973, Powell and Grodal 2005, Levin and Cross 2004)。研究者は、先端知識を主に地理的距離の長いタイから、研究や技術のシーズを主に制度的距離が長いタイから獲得している。

　また、医師の場合も第7章の分析から、タイの地理的距離が長くなるほど問題解決知識よりも先端知識の吸収源になる傾向が強いことが明らかになった。さらに、他都道府県の医師とのタイが多いほど論文数が増え、海外の医師とのタイが多いほど論文数と学会発表数が多いという成果につながっていることも見出された。一方、制度的距離の長い専門サービス業者とのタイからは、医療機器と新薬関連の知識が主に吸収され、そのタイが多い医師は治療した患者数が多いという関係もみられた。したがって、距離の長いタイは

一般に、形成と維持に労力を要するが、それをあえて行う意義は大きいと考えられる。

　パーソナルネットワークの範囲と強さには人による違いもみられる。第4章の分析から、研究者の能力とキャリアの影響が見出された。能力の高い人は他の研究者と強いタイを築く傾向があり、その強いタイを通じて先端知識と問題解決知識を多く獲得している。しかし、その強さの効果を除くと、能力が高い人の方が低い人よりも先端知識や問題解決知識を獲得する傾向が強いということはなく、能力が高い人ほど先端的な研究を行っていて、先端知識を必要としているという傾向はみられなかった。一方、海外経験はパーソナルネットワークを介した知識交換頻度を増やして先端知識の吸収を増やす上に、そのようなタイの強さの影響をコントロールしても、パーソナルネットワークを先端知識の吸収に使う確率を高めることがわかり、海外経験者はその経験のない人よりも先端知識に多くかかわる研究を行っているとみられる。

　さらに、年齢や研究分野の影響もみられた。年齢が高いほど知識交換頻度で測ったタイの強さは弱くなるが、交流年数で測ったタイは強くなり両効果が補い合っている。そのようなタイの強さをコントロールすると、問題解決知識の吸収は年齢に影響されないが、先端知識の吸収確率は年齢が上がると低下し、研究者は次第に先端知識を求めた研究から離れていく可能性がある。また、自然科学をベースとすると医学とライフサイエンスでは、知識交換頻度で測っても交流年数で測っても弱いタイが観察された。この点からは先端知識と問題解決知識の組織外からの吸収は少なくなるが、その影響をコントロールすると、ライフサイエンスの研究者はパーソナルネットワークを先端知識の吸収に使う確率が高い。工学の研究者はタイの強さに関しては自然科学の研究者と違いはないが、タイの強さの効果を別にすると、自然科学の研

究者よりも先端知識を吸収する確率は低い。ライフサイエンスの研究者は相対的に先端研究にかかわる確率が高いのに対して、工学の研究者はその逆であるとみられる。

　一方、医師の場合は、第 7 章で示されたように、年齢に基づく医師のキャリアステージによる違いがはっきりしている。すなわち、若手医師は、勤務先医療機関内の同僚の医師とより多くの強いタイを築いて臨床に関する知識・技術を修得している。一方、すでに修得した知識・スキルを使って自律的に臨床に臨むことができるベテラン医師は、医療機関内のネットワークは比較的小さく、代わりに、海外在住者と強いタイを多くもって研究を行っている。

8.1.4.　パーソナルネットワークの形成と利用の環境

　パーソナルネットワークの範囲は限定されている。地理的距離や制度的距離のあるタイは形成されにくい。そこで、本書ではタイが形成される契機について分析を行った。表8-4は第2章の表2-3と表2-4をまとめたものであり、カッコ内のパーセンテージは、各類型のパートナーを有している人の合計人数を100%としたときに、各パートナーと知り合った主な契機（複数回答）の割合を示している。上述のように、地理的・制度的距離はタイ形成の妨げになる。研究者の場合は、海外の研究者、民間企業の研究者、専門サービス業者が距離のあるパートナーになり、それらの人達とタイを形成するきっかけは、学会や研究会への参加、研究者仲間の紹介が多い。学会や研究会は出会いの重要な場になっており、また、研究者の間では紹介によりネットワークが広がっていく様子がうかがえる。

　一方、医師の場合は、学会や研究会への参加は他都道府県の医師や海外の医師と知り合う主なきっかけになっているが、医師仲間の紹介は、その主要

な契機にはなっていない。また、専門サービス業者との出会いは、所属する医療機関の紹介により始まっており、研究者の場合に個人ベースのつきあいであるのと対照的である。さらに、第7章では、若手とベテランのネットワーク形成の違いも分析され、若手医師はベテラン医師よりも、都道府県内ネットワークと他都道府県ネットワークを、職場の同僚・元同僚という関係で形成することが多く、逆に学会・研究会を通して形成することが少ないという特徴が見出された。

表 8-4　ネットワークのタイの形成の契機

	知識交換の相手	タイが形成される契機
研究者	同じ機関	・職場の同僚・元同僚 (88.1%)
	国内他研究機関	・学生時代のつきあい (35.2%)
		・学会/研究会参加 (33.1%)
	海外	・研究者仲間の紹介 (26.1%)
		・学会/研究会参加 (25.8%)
		・海外赴任中の研究仲間 (21.7%)
	民間企業	・学会/研究会参加 (35.1%)
		・研究者仲間の紹介 (23.2%)
		・所属機関等による共同研究の斡旋 (15.8%)
	専門サービス	・学会/研究会参加 (23.1%)
		・研究者仲間の紹介 (22.4%)
医師	同じ機関	・職場の同僚・元同僚 (93.1%)
	都道府県内	・職場の同僚・元同僚 (57.0%)
		・学生時代のつきあい (37.2%)
	他都道府県	・学会/研究会参加 (54.0%)
		・学生時代のつきあい (34.0%)
		・職場の同僚・元同僚 (31.5%)
	海外	・学会/研究会参加 (38.3%)
		・海外赴任中の医師・研究者仲間 (21.7%)
	専門サービス	・所属する医療機関の紹介 (61.6%)

　また、表8-4に示されるように、海外のパートナーとの知識交換は、研究者と医師の両方について、海外赴任がきっかけになっている。そこで、第 5 章では、研究者の海外研究経験がネットワークの構築や強いタイの形成に与える影響を分析した。その結果、研究者の能力や環境の影響をコントロールした上でも、1年以上の海外での研究経験は知識交換の海外ネットワークの保有確率を高めるばかりではなく、そのネットワークの強いタイの保有にも寄与することが明らかになった。すなわち、海外経験のある研究者は経験のない研究者に比べて、海外ネットワークを保有する確率も強いタイを保有する確率も 2 倍以上高いことがわかった。したがって、研究者の海外派遣はコストが高いものの、大学や国研の研究者を海外の大学や研究機関に派遣することを支援する政策は、国際的なネットワークの形成・維持に効果があるといえる。

　さらに、制度的距離のある産学官の研究者ネットワークは形成されにくいが、日本でも産学連携推進政策に後押しされて、技術移転オフィスや共同研究センターなどの専門のオフィスが大学の中につくられてきた。第 6 章では、そのような組織により形成されたタイと研究者同士が自主的に形成したタイとの違いを分析したところ、前者は後者よりも短期的には強いが長期的には弱いことが見出された。すなわち、組織がサポートしている期間を過ぎるとタイが弱まり、産学連携支援組織のサポートがある間に産学の研究者がいかに信頼関係を築き、共通の研究関心を発展させるかが、長期的に持続する強いタイを形成する上で重要であることが示唆された。

　また、地理的・制度的距離の大きいネットワークのタイは一旦形成されても切れやすいと予想される。そこで、本書の第 5 章と 6 章では、ネットワークを維持し利用しやすい組織マネジメントについても考察を行った。海外経験で形成された強いタイを研究者個人が維持したくても、研究における自由

度が低ければ、また、知識交流が制限されているならば、そのタイを維持し活用することができない上に、タイの活用には資源も必要であることから、自律性の付与、上司や仲間による知識シェアの奨励、資金や設備を環境要因としてとりあげた。その結果、これらの環境は、研究者の海外ネットワークの保有にプラスの効果をもち、また、民間企業の研究者との知識交換頻度で測った強いタイの形成を促進することが明らかになった。

8.2. パーソナルネットワークによる知識交換に影響を与える要因

　以上の本書で見出されたことを基に、ナレッジワーカーの知識交換ネットワークに影響を与える要因を整理しておこう。本書で取り上げたパーソナルネットワークは複数の人々と、彼らのパーソナルな関係のセットであり、そのパーソナルな関係は、純粋にインフォーマルな個人間のインタラクションである場合も現存のフォーマルな関係に組み込まれていることもある (Fitjar and Huber 2015)。

　また、かつてはフォーマルな関係であったが、それが途切れたあともインフォーマルな関係として続いているものもある。そのような知識交換ネットワークが形成され、維持され、利用されるためには様々な要因が作用している。本書では研究者と医師を対象として、個人要因、組織・制度要因、政策要因の三つが重要であることが導かれた。これらは他のナレッジワーカーの知識交換にも多かれ少なかれ影響を与えると考えられる。そこで、図8-3のように整理し、以下に説明しよう。

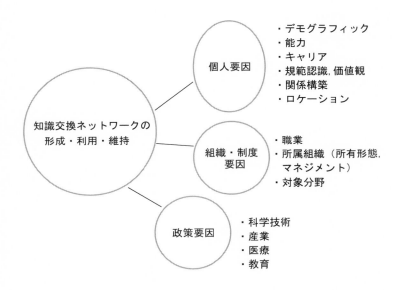

図 8-3　知識交換ネットワークの形成・利用・維持の要因

8.2.1.　個人要因

　ノードが個人であるネットワークにおいて、個人要因の影響は大きい。その一つは年齢、性別、国籍などのデモグラフィックである。年齢はキャリアステージと関係しており、例えば医師を例にとると、若手医師は特に学習途上であるために、勤務先医療機関内の同僚の医師とより多くの強いタイを築いて臨床に関する知識・技術を修得しているが、自律して臨床を行えるベテラン医師は、勤務先医療機関内のネットワークは比較的小さく、代わって、学会・研究会等でネットワークを構築し、海外在住者にも範囲を広げている。また、性別に関しては、本書では研究者に目立った違いはなく、医師に関しては、女性は男性よりも組織内ネットワークのタイが強いという違いだけが

観察された。多くの先行研究では、性別によるネットワーク形成の違いや、キャリアの成功にネットワークが与えるベネフィットの違いが分析されているが、分析結果は様々である (Woehler et al.2021, Bellotti et al. 2022)。人間には同類の人とつながるホモフィリーの傾向があるが、本書の対象とした研究者も医師も女性が少なく、かつ職場で管理的な役割を担っている女性も少ないため、さらに詳細な分析を行うことによって、女性と男性のネットワークの違いが観察される可能性はある。さらに本書では外国籍の人よりも日本人の方が問題解決知識吸収のためにネットワークを第一に利用する傾向が見られ、日本人の多い研究環境の中で日本人はネットワークを形成しやすい可能性が示唆された。

　このようなデモグラフィックと並んで、能力やキャリアも個人要因として重要である。能力の高い研究者のネットワークとして見えざる大学 (invisible college) の存在が認識されてきたが、本書においても能力の高い研究者は国境を越えて広がるネットワークを形成し、それを主要な知識源としていることが明らかとなった。また、国際移動や転職などのキャリアは、ネットワーク形成のチャンスとかかわるため、ネットワークの範囲やタイの強さ、ネットワーク利用の程度に影響を与えている。本書でとりあげた以外にも、国内の地域間移動や多様なプロジェクトの経験などのキャリアが、知識交換ネットワークの範囲やタイの強さを変えている可能性がある。

　また、規範認識や価値観はネットワークを通じて知識交換を行う動機とかかわっている。これは組織・制度の影響を受ける部分もあるが、個人の性格や教育過程で形成された部分も大きいであろう。例えば、8.1.2. で論じたように「知識・情報の共有は科学技術/医療の発展のために必要である」や「仲間と知識・情報を共有すると自分の仕事がはかどる」という認識は、ほとんどの研究者や医師が共通にもっているが、知識を教えることによる自分の影響

力や知識をもつことのアドバンテージに対する意識、知識を伝えることへの慎重な態度、知識交換を楽しむ嗜好などには個人差がある。結果として、それがネットワークの形成の範囲や利用の頻度などを変えている。

　また、本書では知識交換の相手と出会う契機は多様で、中には組織が仲介することもあるが、形成されたネットワークのタイが維持されるためには、個人間の信頼関係の構築など個人要因も大きいことが示唆された。本書では、理解力、説明力、専門知識・技術、英語力を能力としたが、それらの能力とは別に、異文化の人との関係も含めて、関係を構築し維持するためのソーシャルスキルや人間力なども、ネットワークを通じた知識交換に必要であると考えられる。

　最後に、ロケーションも図8-3の個人要因に含めている。これはアクター間の地理的距離がネットワークのタイの数や強さに影響を与え、個人は就業場所を選択できるという理由からである。同業のナレッジワーカーが集積している場所で就業している人はそうでない人に比べ、知識獲得にネットワークを利用しやすく、かつ、知識交換ネットワークの強いタイを形成しやすい。

8.2.2.　組織・制度要因

　プロフェッショナルは公式の組織や団体の定める専門的基準と倫理に従って行動するため、職業による違いがある。例えば、パーソナルネットワークの形成・利用・維持に、医師の場合は大学医局と学会が大きく関係しているのに対して、研究者の場合は学会等の専門職組織の影響よりも、研究者仲間の紹介や中心的な研究者個人の影響が大きい。この研究者の特徴は、科学者のネットワークを研究した Newman (2004) が、他の科学者とのつながりの数が非常に多いハブとなる科学者が存在し、その人を通じてネットワークのメンバー同士は少ない数のリンクでつながっていることを見出したことと整合

的である。

　このような医師と研究者の違いは、知識を創造する研究においては個性を発揮するのが望ましいのに対して、医療はサービスの価格が国により設定され、専門知識と技術の標準化と質の保証が進んでいることが一因であると考えられる。また、研究者のネットワークは国境を越えて広がる傾向があるのに対して、医師のネットワークは主に国内で発達しているという違いもある。これも医療制度の適用範囲が日本国内に限定されているのに対して、研究者は国境に影響されない普遍的な科学的知識を追求し、プライオリティをめぐる競争を国際的な規模で展開していることによると考えられる。本書で取り上げた以外の様々な職業についても固有の制度や慣行が存在し、それが知識交換ネットワークに影響を与えると推測できる。

　プロフェッショナルは被雇用者として働く人が多いため、勤務する組織の制度やマネジメントの影響も受ける。すなわち、職業内でも勤務先組織によってミッション、制度・慣行、マネジメントに違いがある。本書では、研究者の場合は大学か国立研究機関か、医師の場合は大学病院か、国公立病院か、民間病院かという運営主体によって研究者のネットワークに違いが見られた。例えば、特定研究開発法人の研究者の方が大学の研究者よりも、先端知識や問題解決知識の吸収のためにネットワークを第一に使う傾向があり（3章）、そのネットワークのタイは、知識交換頻度で測ると強い（4章）。また、海外とのタイはエリート国立大学ほど多くはないが、他の国立大学よりも多く（5章）、さらに、民間企業の研究者との間で、知識交換頻度で測った強いタイを形成している（6章）。特定研究開発法人は国家戦略に基づく世界最高水準の研究開発成果を創出することを求められ、かつ、その成果の実用化を図って社会的課題の解決に積極的に貢献することがミッションとなっているため（内閣府 2016）、海外や民間企業と強いタイを形成していると考えられる。

　また、産学官の人材、知、資金等の結集する「場」を形成する先導役となることもミッションであるため、ネットワークを第一に使う傾向があると推測できる。

　さらに、本書では組織内のマネジメントの影響も見出された。すなわち、自立性の付与、上司や同僚による知識シェアの奨励、資金・設備の充実といった知識交換をサポートするマネジメントが、海外の研究者とのタイの数を増やし（5章）、産学の強いタイの形成につながることも明らかになった（6章）。研究も医療行為もチームで行われることが多いことから、勤務先組織全体のマネジメントのみならず、チームのマネジメントも、本書では詳細に分析しなかったものの、組織・制度要因としてネットワーク形成に大きく関わっていると考えられる。

　最後に、本書では研究者の場合も医師の場合も、対象分野によるネットワークの違いが観察された。すなわち、医師の場合は診療分野を内科、外科、その他に分類すると、内科の医師は医療機関内に多くの強いタイをもっており、外科の医師は海外の医師と多くのタイをもつ傾向が観察された（第7章）。また、研究者の場合は、研究分野を自然科学、工学、ライフサイエンス、医学に分類すると、第4章では、ライフサイエンスと医学は、知識交換頻度で測っても交流年数で測っても自然科学よりもネットワークのタイは弱いことが示され、第5章では、医学の海外ネットワークは小さくタイも弱いことが明らかとなり、さらに第6章では、知識交換頻度で測った民間の研究者とのネットワークのタイは、生命科学では弱く工学では強いことが示された。研究分野によって、研究資金や研究設備の規模、マテリアルの希少性、研究対象の地理的偏在、研究成果の実用化の重要性、共同研究の必要性、成果発表の慣行、学会の規模や国際的な広がりの程度などに違いがある。本書ではそのような違いとネットワークの関係について十分な分析を行えなかったが、

例えば、工学の研究者は実用化に向けて民間企業と共同し、研究資金や研究設備をシェアし、産学共同研究開発のための組織・制度の影響を受けながら研究開発を進める傾向が他の分野の研究者よりも強いと、民間企業とより多くの強いタイをもつようになると考えられる。

8.2.3. 政策要因

　本書を通じて、国際移動がネットワーク形成の機会になることが見出された。国際移動は高い金銭的コストを要するため、政策による支援の影響を受けやすい。日本では研究者の国際的なネットワークの構築に遅れが見られる中で、科学技術基本計画等では頭脳循環の世界的流れに合わせ、研究者が海外で研究を行い、国際研究ネットワークの主要な一角に位置付けられることを目標としてきた。そのための支援政策が十分だったとはいえないが、第5章で紹介したように、海外特別研究員事業や若手研究者海外挑戦プログラムなどが実施され、また、海外の優秀な研究者を招聘する事業も行われてきた。国際移動は移動先のコミュニティの人々と知り合い、繰り返しインタラクションを行う中で信頼関係を築き相互理解を深めるチャンスとなり、知識交換ネットワークの形成・利用・維持に影響を与えている。

　また、本書では研究資金が研究者のネットワークに影響を与えることも示された。国立大学や特定研究開発法人の運営費交付金の額、多くの競争的研究資金の額や配分条件などは、国の政策によって決められている。さらに、産学連携推進策も産学のネットワーク形成に関わっている。日本では、大学等技術移転促進法 (1998) や産業活力再生特別措置法 (1999) の策定、国立大学法人法の施行 (2004)、教育基本法の改正 (2006)、産業競争力強化法の制定 (2013) など、様々な産学連携推進政策がとられてきた。本書では、このような政策に後押しされた産学連携オフィスや産学官連携コーディネーターなど

の働きにより、産学のネットワークが形成されていることも確認された。

　また、本書の医師調査によると、都道府県内の医師とネットワークを築いている人は 393 人で、同じ医療機関内の医師とネットワークを築いている人の 407 人と大差がなく、多くの都道府県内の医師間のつながりが観察された。また、都道府県内の医師とのタイが多い医師ほど治療した患者数も多いという関係もみられた。これは、政策により都道府県単位の地域医療供給体制の整備が推進されていることと関連していると考えられる。すなわち、都道府県内の医師同士で知識・情報を交換しながらより多くの患者を治療する体制ができているとみられる。

　また、医師の場合はそもそも供給量が政策によりコントロールされている。医師になるためには医師国家試験に合格し、医師免許を取得しなければならないが、その医師国家試験は、大学において医学の正規の課程を修めて卒業することが受験の条件になっている。その上、医学部の立地も医学部の入学定員数自体も政策に左右される。加えて、医師免許取得後の研修も政策により定められている。例えば、2004 年に導入された新医師臨床研修制度により、2 年以上の研修が義務化されると同時に、研修医は研修先病院を自由に選択できるようになり、研修場所が大学病院から市中病院へ広がった。このような医師の教育をめぐる一連の政策は、医師のネットワークの規模と範囲に影響を与えている。

8.3.　専門職の増加と知識交換のためのパーソナルネットワーク研究の重要性

　以上、本書は研究者と医師を対象に、ナレッジワーカーの知識交換ネットワークを分析し議論してきた。言うまでもなくナレッジワーカーは研究者と

医師に限らない。ナレッジワーカーには多様な定義があるが (Pyöriä 2005) 、マッハルプもドラッカーもダベンポートも、センサスで知識労働者をとらえる時には、専門職、技術職を対象にしている (Machlup 1962, Drucker1969, Davenport 2005) 。そこで、国勢調査のデータを用いて日本の職業構成の変化を見てみよう。図 8-4 は 5 年ごとの職業大分類の構成を示している。

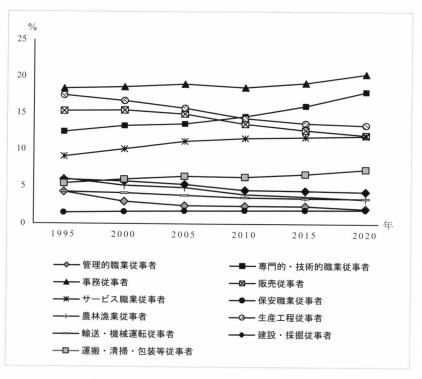

資料出所：総務省「国勢調査」

図 8-4　日本の職業構成の変化

　職業分類の変更があったため、1995 年以降の統計に限定されるが、「専門的・技術的職業従事者」は、2020 年の日本では事務従事者に続いて多い職業であり、かつ、1995 年から 2020 年の四半世紀の間に、事務従事者に近づく勢いで増えている。逆に就業者割合の低下傾向が見られるのは、「生産工程従事者」、「販売従事者」、「建設・採掘従事者」などである。

　さらに、専門的・技術的職業従事者の内訳を職業中分類で見ると、図 8-5 に示されるように、伸びているのは主として、医師、薬剤師、看護師などを含む保健医療従事者、システムコンサルタントや情報処理・通信技術者を含む技術者、介護士や保育士を含む社会福祉専門職業従事者である。専門的・技術的職業は程度の差こそあれ、専門の知識やスキルを必要とし、職業に従事し始めたあともそれらを高めていかなければならない。そのため、同じ職業の仲間との知識交換ネットワークを利用していると推測できる。

　中でも、高齢化に伴い人数が急速に伸びている保健医療従事者は、医師、薬剤師、看護師、臨床検査技師、助産師、理学療法士など業務独占資格を要する多様な職業を含んでいる。彼らは個別の職業の枠を超えて保健医療従事者として連携したり、チームで医療に取組んだりすることも多い。彼らがどのように知識をシェアし連携しているかによって患者が受けることのできる医療サービスが変わってくる。したがって、本書の分析は医師のネットワークに限定されたが、より広い範囲の保健医療従事者のネットワークを分析することは重要である。

　また、デジタル社会で活躍する IT エンジニアも代表的なナレッジワーカーである。三輪 (2011) によると、新興専門職であるソフトウエア技術者は、医師や科学者などの伝統的な確立されたプロフェッショナルとは違い、公的な資格や学位を必要とせず、倫理基準や準拠集団をもたない。その一方で、実践的な応用や問題解決に重点をおいた仕事に取組むため、情報技術の専門知

識のみならず、学際的・複合的な知識、顧客や経営に関する幅広い知識を必要とする。また、ソフトウエア開発はプロジェクト・チームによって行われることが多く、そのチームは時には社外の協力会社も含めて 100 人を超えるような規模になることがある（三輪 2011, p.263）。したがって、勤務先組織、プロジェクト・チーム、ソフトウエア技術者の専門職組織など、多様な組織とかかわる複雑な知識交換ネットワークを形成している可能性がある。

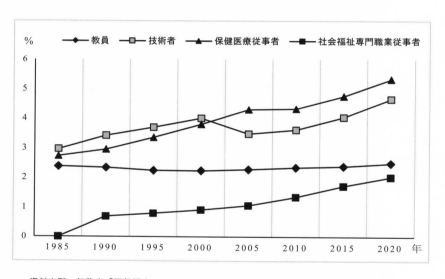

資料出所：総務省「国勢調査」
注）1.　構成比は、職業全体を 100%とした時の割合である。
　　2.　専門的・技術的職業中分類には、他に、研究者、法務従事者、経営・金融・保険専門職業従事者、宗教家、著述家・記者・編集者、美術家・デザイナー・写真家・映像撮影者、音楽家・舞台芸術家が含まれるが、その割合はどれも 1%未満である。

図 8-5　専門的・技術的職業従事者の内訳

　これらの他にも様々な専門的・技術的職業があるが、いずれの職業においても、図 8-3 に示した個人要因、組織・制度要因、政策要因がネットワークの

形成・利用・維持に関与していると考えられ、それらの詳細な分析は今後に残された課題である。

　これまで議論してきたように、ナレッジワーカーにとり新たな知識の獲得や知識のアップデートは非常に重要である。日本の就業者の人材育成手段は一般的に OJT や Off-JT が中心であったが、厚生労働省 (2018) によると、日本の OJT 実施率は OECD 平均よりも低く、かつ、GDP に占める企業の能力開発費 (Off-JT) は、米、仏、独、伊、英に比べて突出して低い水準にある。さらに、後者は 2014 年まで経年的にも低下が続いたが、2014 年を底に反転したことも指摘されている。企業に人材育成を行う余裕がなくなった、離転職者が増え即戦力に対するニーズが高まったなどの理由が、企業の能力開発の低下の原因として考えられる（松本 2013）。逆に反転した原因としては、人出不足に直面した企業が能力開発を必要とした可能性が、上記の白書で指摘されている。

　勤務先組織の能力開発に期待できないとき、ナレッジワーカーにとって自律的学習はより一層重要になる。本書ではその手段となるネットワークを通じた知識獲得を考察したが、実践共同体における学習や大学でのリカレント教育など、他の学習手段も重要であろう。ネットワークによる知識交換は個人的な営みであるとみなされがちであるが、これまで論じてきたように、組織のマネジメントや政策によって変わるものである。ナレッジワーカーの学習全体に焦点をあて、その中の知識交換ネットワークの位置づけを明らかにしたり、学習を支える社会の仕組みとネットワークの関係を分析したりすることも、専門的・技術的職業が増えている日本社会にとって重要な課題である。

　高度の専門知識、教育もしくは経験を備え、知識の創造、応用、または普及を主な仕事の目的とするナレッジワーカーは、いつの時代にも存在した。

彼らは身近な人と知識を交換しながら新しい知識を生み出してきた。それが今日の文明の発展につながっているといえよう。インターネットという文明の利器が普及した今日においても、知識交換のためのパーソナルネットワークの重要性は変わらない。地理的・制度的距離の大きい弱いタイも身近な人との間の強いタイもそれぞれに価値をもち、知識の創造・応用・普及を支えている。

参考文献

＜欧文文献＞

Abadi, Hossein A., Desmond T. Ayentimi, and Alan Coetzer (2020) "The meaning and essential nature of profession: A multi-perspective approach," *Labor and Industry* 30 (1), pp. 85-96.

Abreu, Maria and Vadim Grinevich (2013) "The nature of academic entrepreneurship in the UK: Widening the focus on entrepreneurial activities," *Research Policy* 42 (2), pp.408-422.

Agrawal, Ajay, Iain Cockburn, and John McHale (2006) "Gone but not forgotten: Knowledge flows, labor mobility, and enduring social relationships," *Journal of Economic Geography* 6, pp.571-591.

Agrawal, Ajay, Devesh Kapur, and John McHale (2007) "Birds of a feather— better together? : Exploring the optimal spatial distribution of ethnic inventors," *NBER Working Paper* 12823.

Agrawal, Ajay, John McHale, and Aleander Oettl (2013) "Collaboration, stars, and the changing organization of science: Evidence from evolutionary biology," *NBER Working Paper*, 19653.

Ahmed, Yunis Ali, Mohammad Nazir Ahmad, Norasnita Ahmad, and Nor Hidayati Zakaria (2019) "Social media for knowledge-sharing: A systematic literature review," *Telematics and Informatics* 37, pp. 72-112.

Allen, Tomas J. (1977) *Managing the Flow of Technology: Technology, Transfer and the Dissemination of Technological Information within the R&D Organization*, Cambridge, MA: MIT Press.

Almeida, Paul and Bruce Kogut (1999) "Localization of knowledge and the mobility of engineers in regional networks," *Management Science* 45 (7), pp.905-917.

Altbach, Philip G (1994) "International knowledge networks," in Husen, Torsten and Neville T. Postlethwaite eds., *The International Encyclopedia of Education*, New York: Elsevier Science, pp.2993-2998.

Ambos, Tina C. and Bjoern Ambos (2009) "The impact of distance on knowledge transfer effectiveness in multinational corporations," *Journal of International Management* 15, pp. 1-14.

Anderson, Claire J., Myron Glassman, R. Bruce McAfee, and Thomas Pinelli (2001) "An investigation of factors affecting how engineers and scientists seek information," *Journal of Engineering and Technology Management* 18, pp. 131-155.

Andreeva, Tatiana and Anastasia Sergeeva (2016) "The more the better.....or is it? The contradictory effects of HR practices on knowledge-sharing motivation and behaviour," *Human Resource Management Journal* 26 (2) , pp. 151-171.

Aschhoff, Birgit and Christoph Grimpe (2014) "Contemporaneous peer effects, career age and the industry involvement of academics in biotechnology," *Research Policy* 43, pp.367-381.

Barabasi, A.L., H. Jeong, Z. Neda, E. Ravasz, A. Schubert, and T. Vicsek (2002) "Evolution of the social network of scientific collaborations," *Physica A-Statistical Mechanics and its Applications* 311 (3-4) , pp. 590-614.

Bathelt, Harald, Anders Malmberg and Peter Maskell (2004) "Clusters and knowledge: local buzz, global pipelines and the process of knowledge creation," *Progress in Human Geography* 28 (1) , pp.31-56.

Ben-David, Joseph and Teresa A. Sullivan (1975) "Sociology of science," *Annual Review of Sociology* 1, pp. 203-222.

Bellotti, Elisa, Dominika Czerniawska, Martin, G. Everetti, and Luigi Guadalupi (2022) "Gender inequalities in research funding: Unequal network configurations, or unequal network returns?" *Social Networks* 70, pp.138-151.

Berchicci, Luca, Jeroen P.J. de Jong, and Mark Freel (2016) "Remote collaboration and innovative performance: The moderating role of R&D intensity," *Industrial and Corporate Change* 25 (3) , pp.429-446.

Bercovitz, Janet and Maryann Feldman (2011) "The mechanisms of collaboration in inventive teams: Composition social networks and geography," *Research Policy* 40 (1) , pp.81-93.

Blau, Peter M (1964) *Exchange and Power in Social Life,* New York: John Wiley & Sons, Inc.

Boschma, Ron (2005) "Proximity and innovation: A critical assessment," *Regional Studies* 39 (1) , pp.61-74.

Boardman, Craig and Denis Gray (2010) "The new science and engineering management: Cooperative research centers as government policies, industry strategies, and organizations," *Journal of Technology Transfer* 35 (5) , pp.445-459.

Bresch, Stefano and Francesco Lissoni (2009) "Mobility of skilled workers and co-invention networks: An anatomy of localized knowledge flows," *Journal of Economic Geography* 9 (4) , pp.439-468.

Burt, Ronald S. (1992) *Structural Holes: The Social Structure of Competition*, Cambridge, Mass: Harvard University Press.

Cabrera Elizabeth F. and Angel Cabrera (2005) "Fostering knowledge sharing through people management practice," *International Journal of Human Resource Management* 16 (5) , pp. 720-735.

Cabrera, Angel, William C. Collins, and Jesús F. Salgado (2006) "Determinants of individual engagement in knowledge sharing," *International Journal of Human Resource Management* 17 (2) , pp. 245-264.

Caragliu, Andrea and Peter Nijkamp (2016) "Space and knowledge spillovers in European regions: The impact of different forms of proximity on spatial knowledge diffusion," *Journal of Economic Geography* 16, pp.749-774.

Casalino, Lawrence P. et al.(2015) "Physician networks and ambulatory care-sensitive admissions," *Medical Care* 53 (6) , pp. 534-541.

Cassi, Lorenzo and Anne Plunket (2015) "Research collaboration in co-inventor networks: Combining closure, bridging and proximities," *Regional Studies* 49 (6) , pp.936-954.

Centola, Damon and Michael Macy (2007) "Complex contagions and the weakness of long ties," *American Journal of Sociology* 113 (3) , pp.702-734.

Chen, Chih-Jou and Shiu-Wan Hung (2010) "To give or to receive? Factors influencing members' knowledge sharing and community promotion in professional virtual communities," *Information & Management* 47, pp. 226-236.

Cohen, Wesley M. and Daniel A. Levinthal (1990) "Absorptive capacity: A new perspective on learning and innovation," *Administrative Science Quarterly* 35, pp.128-152.

Crane, Diana (1969) "Social structure in a group of scientists: A test of the "Invisible College" hypothesis," *American Sociological Review* 34 (3) , pp. 335-352.

Crescenzi, Riccardo, Max Nathan, and Andrés Rodríguez-Pose (2016) "Do inventors talk to strangers?On proximity and collaborative creation," *Research Policy* 45, 177-194.

Crescenzi, Riccardo, Andrea Filippetti, and Simona Iammarino (2017) "Academic inventors: Collaboration and proximity with industry," *The Journal of Technology Transfer* 42, pp.730-762.

Davenport,Thomas H. (2005) *Thinking for a Living: How to Get Better Performance and Results from Knowledge Workers*, Boston, MA: Harvard Business School Press. (藤堂圭太訳 (2006)『ナレッジワーカー』ランダムハウス講談社)

Dahl, Michael S. and Christian Pedersen (2004) "Knowledge flows through informal contacts in industrial clusters: Myth or reality?" *Research Policy* 33, pp. 1673-1686.

D'Este, P. and P. Patel (2007) "University-industry linkages in the UK: What are the factors underlying the variety of interactions with industry?" *Research Policy* 36, pp.1295-1313.

Dolfsma, Wilfred, and Rene van der Eijk (2017) "Behavioral foundations for open innovation: Knowledge gifts and social networks," *Innovation Organization & Management* 19 (2) , pp. 287-306.

Döring, Thomas and Jan Schnellenbach (2006) "What do we know about geographical knowledge spillovers and regional growth?A survey of the literature," *Regional Studies* 40 (3) , pp.375-395.

Drucker, Peter F. (1969) *The Age of Discontinuity: Guidelines to Our Changing Society*, London: Heinemann. （林雄二郎訳 (1979)『断絶の時代—来たるべき知識社会の構想』ダイヤモンド社)

Enders, Jürgen and Egbert de Weert (2004) "Science, training and career: Changing modes of knowledge production and labour markets," *Higher Education Policy* 17, pp.135-152.

Engel, Debra, Sarah Robbins, and Christina Kulp (2011) "The information-seeking habits of engineering faculty," *College & Research Libraries* 72 (6) , pp. 548-567.

Faccin, Kadigia, Christle De Beer, Bibiana Volkmer Marins, Grabriela Zanandrea, Neta Kela, and Corne Schutte (2021) "What really matters for TTOs efficiency? An analysis of TTOs in developed and developing economies," *The Journal of Technology Transfer* 47, pp.1135-1161.

Filatotchev, Igor, et al. (2011) "Knowledge spillovers through human mobility across national borders: Evidences from Zhongguncun Science Park in China," *Research Policy* 40, pp.453-462.

Fitjar, Rune Dahl and Franz Huber (2015) "Global pipelines for innovation: Insights from the case of Norway," *Journal of Economic Geography* 15 (3) , pp. 561-583.

Fontes, Margarida, Pedro Videira, and Teresa Calapez (2013) "The impact of long-term scientific mobility on the creation of persistent knowledge networks," *Mobilities* 8 (3) , pp. 440-465.

Foss, Nicolai, Dana B. Minbaeva, Toben Pedersen, and Mia Reinholt (2009) "Encouraging knowledge sharing among employees: How job design matters," *Human Resource Management* 48 (6) , pp. 871-893.

Freeman, Richard B, Ina Ganguli, and Raviv Murciano-Goroff (2014) "Why and wherefore of increased scientific collaboration,"*NBER Working Paper*, 19819.

Gallié, Emilie-Pauline and Renelle Guichard (2005) "Do collaborations mean the end of face-to-face integrations? An evidence from the ISEE project," *Economics of Innovation and New Technology* 14 (6) , pp.517-532.

Gang, KwangWook and T. Ravichandran (2015) "Exploring the determinants of knowledge exchange in virtual communities," *IEEE Transaction and Engineering Management* 62 (1) , pp. 89-99.

Gertler, Meric S (2003) "Tacit knowledge and the economic geography of context, or the undefinable tacitness of being (there) ," *Journal of Economic Geography* 3, pp.75-99.

Giuri, Paola and Myrian Mariani (2013) "When distance disappears: inventors, education, and the locus of knowledge spillovers," *The Review of Economics and Statistics* 95 (2) , pp.449-463.

Granovetter, Mark S. (1973) "The strength of weak ties," *American Journal of Sociology*, 78 (6) , pp.1360-1380.

Greenwood, Ernest (1957) "Attribute of a profession," *Social Work* 12 (3) , pp. 45-55.

Gulbrandsen, Magnus and Taran Thune (2017) "The effects of non-academic work experience on external interaction and research performance," *Journal of Technology Transfer* 42, pp.795-813.

Hansen, Morten T. (1999) "The search-transfer problem: The role of weak ties in sharing knowledge across organization subunits," *Administrative Science Quarterly* 44 (1) , pp. 82-111.

Head, Keith, Yao Amber Li, and Asier Minondo (2019) "Geography, ties, and knowledge flows: Evidence from citations in mathematics," *The Review of Economics and Statistics* 101 (4) , pp. 713-727.

Hoekman, Jarno, Koen Frenken, and Robert J.W. Tijssen (2010) "Research collaboration at a distance: Changing spatial patterns of scientific collaboration within Europe," *Research Policy* 39, pp.662-673.

Hotho, Jasper J., Florian Becker-Ritterspach, and Ayse Saka-Helmhout (2012) "Enriching absorptive capacity through social interaction," *British Journal of Management* 23, pp.383-401.

Huber, Franz (2012) "On the sociospatial dynamics of personal knowledge networks: Formation, maintenance, and knowledge interactions," *Environment and Planning A* 44 (2) , pp.356-376.

Huber, Franz (2013) "Knowledge-sourcing of R&D workers in different job positions: Contextualising external personal knowledge networks," *Research Policy* 42 (1) , pp.167-179.

Huber, Frantz and Fitjar, Dahl R. (2016) "Beyond network in clusters," in Richard

Shearmur, Christophe Carrincazeaux, and David Doloreux eds., *Handbook on the Geographies of Innovation*, Cheltenham: Edward Elgar Publishing, pp.255-265.

Iglic, Hajdeja, Patrick Doreian, Luka Kronegger and Anuska Ferligoj (2017) "With whom do researchers collaborate and why?" *Scientmetrics* 112, pp.153-174.

Katz, J.S. (1994) "Geographical proximity and scientific collaboration," *Scientometrics* 31 (1) , pp.31-43.

Keating, Nancy L., John Z. Ayanian, Paul D. Cleary, and Peter V. Marsden (2007) "Factors affecting influential discussions among physicians: A social network analysis of a primary care practice," *Journal of General Internal Medicine* 22 (6) , pp. 794–798.

Kleinbaum, Adam M. (2012) "Organizational misfits and the origins of brokerage in intrafirm networks," *Administrative Science Quarterly* 57 (3) , pp.407-452.

Krackhardt, David (1992) "The strength of strong ties: The importance of philos in organizations," in Nohria, N. and R. Eccles eds., *Networks and Organizations: Structure, Form, and Action*, Boston, Mass: Harvard Business School Press, pp.216-239.

Landon, Bruce E. et al. (2012) "Variation in patient-sharing networks of physicians across the United States," *JAMA-Journal of the American Medical Association* 308 (3) , pp.265-273.

Lee, Kyoung-Joo (2011) "From interpersonal networks to inter-organizational alliances for university-industry collaborations in Japan: The case of the Tokyo Institute of Technology," *R&D Management* 41 (2) , pp.190-201.

Lee, Kyoung-Joo (2014) "Development of boundary-spanning organizations in Japanese universities for different types of university-industry collaborations: A resource dependence perspective," *Asian Journal of Technology Innovation* 22 (2) , pp.204-218.

Lenzi, Camilla (2010) "Worker's mobility and patterns of knowledge diffusion: Evidence from Italian data," *Journal of Technology Transfer* 35, pp.651-670.

Levin, Daniel Z and Rob Cross (2004) "The strength of weak ties you can trust: The mediating role of trust in effective knowledge transfer," *Management Science* 50 (11), pp.1477-1490.

Lin, Lan and Fenglong Wang (2019) "Geographical proximity vs network tie: Innovation of equipment manufacturing firms in Shanghai, China," *Erdkunde* 73 (3), pp.185-198.

Llopis, Oscar and Nicolai J. Foss (2016) "Understanding the climate-knowledge sharing relation: The moderating roles of intrinsic motivation and job autonomy," *European Management Journal* 34 (2), pp. 135-144.

Lynn, Leonard H., Henry R. Piehler, and Mark Kieler (1993) "Engineering careers, job rotation, and gatekeepers in Japan and the United States," *Journal of Engineering and Technology Management* 10, pp.53-72.

Machlup, Fritz (1962) *Production and Distribution of Knowledge in the United States*, Princeton, NJ: Princeton University Press. (高橋達男・木田宏監訳 (1969)『知識産業』産業能率短期大学出版部)

March, James. G. (1991) "Exploration and exploitation in organizational learning," *Organization Science* 2 (1), pp. 71-87.

Matzat, Uwe (2004) "Academic communication and internet discussion groups: Transfer of information or creation of social contacts," *Social Networks* 16 (3), pp. 221-255.

Mascia, Daniele, Francesca Pallotti, and Roberto Dandi, (2018) "Determinants of knowledge-sharing networks in primary care," *Health Care Management Review* 43

(2) , pp.104-114.

Matusik, Sharon F. and Michael B. Heeley (2005) "Absorptive capacity in the software industry: Identifying dimensions that affect knowledge and knowledge creation activities," *Journal of Management* 31 (4) , pp. 552-572.

McFadyen, M. Ann, Matthew Semadeni, and Albert A. Cannella (2009) "Value of strong ties to disconnected others: Examining knowledge creation in biomedicine," *Organization* 20 (3) , pp. 552-564.

Melkers, Julia and Agrita Kiopa (2010) "The social capital of global ties in science: The added value of international collaboration," *Review of Policy Research* 27 (4) , pp.389-414.

Merton, Robert K. (1973) *The Sociology of Science: Theoretical and Empirical Investigations*, Chicago: the University of Chicago Press.

Michailova, Snejina and Zaidah Mustaffa (2012) "Subsidiary knowledge flows in multinational corporations: Research accomplishments, gaps, and opportunities," *Journal of World Business* 47 (3) , pp. 383-396.

Minbaeva Dana B. (2013) "Strategic HRM in building micro-foundations of organizational knowledge-based performance," *Human Resource Management Review* 23 (4) , pp. 378-390.

Murakami Yukiko (2014) "Influences of return migration on international collaborative research networks: Cases of Japanese scientists returning from the US," *Journal of Technology Transfer* 39 (4) , pp.616-634.

Murakami, Yukiko (2019) "Knowledge acquisition through personal networks: influences of geographical distance and tie strength" *Proceedings of the 20th European Conference on Knowledge Management* 20, pp. 764-772.

Nahapiet, Janine and Sumantra Ghoshal (1998) "Social capital, intellectual capital, and the organizational advantage," *Academy of Management Review* 23 (2) , pp.242-266.

Newman, MEJ. (2004) "Coauthorship networks and patterns of scientific collaboration," *Proceedings of the National Academy of Sciences of the United States of America* 101 (Suppl. 1) , pp 5200-5205.

Nishimura, Junichi, Sadao Nagaoka, Shinichi Akaike, and Mitsuaki Hosono (2022) "Making university and industry research collaboration: Evidence from co-inventors in Japan," *Science and Public Policy* 49, pp.268-288.

Noorderhaven, Niels and Anne-Wil Harzing (2009) "Knowledge-sharing and social interaction within MNEs," *Journal of International Business Studies* 40 (5) , pp.719-741.

OECD (2008) *The Global Competition for Talent: Mobility of the Highly Skilled*, Paris: OECD.

Paier, Manfred and Thomas Scherngell (2011) "Determinants of collaboration in European R&D networks: Empirical evidence from a discrete choice model," *Industry and Innovation* 18 (1) , pp.89-104.

Perkmann, Markus, et al. (2013) "Academic engagement and commercialization: A review of the literature on university-industry relations," *Research Policy* 42, pp. 423-442.

Perkmann, Markus, Rossella Salandrab, Valentina Tartaric, Maureen McKelveyd, and Alan Hughesa (2021) "Academic engagement: A review of the literature 2011-2019," *Research Policy 50*.

Petersen, Aleander M. (2018) "Multiscale impact of researcher mobility," *Journal of the Royal Society Interface* 15 (146) , pp. 1-11.

Pinelli, Thomas E. (2001) "Distinguishing engineers from scientists: The case for an engineering knowledge community," *Science & Technology Libraries* 21 (3-4) , pp.

131-163.

Poghosyan, Lusine et al. (2016) "Social networks in health care teams: Evidence from the United States," *Journal of Health Organization and Management* 30 (7) , pp.1119-1139.

Ponds Roderik, Frank van Oort, and Koen Frenken (2007) "The Geographical and institutional proximity of research collaboration," *Regional Science* 86 (3) , pp. 423-443.

Ponds, Roderick., Frank van Oort, and Koen Frenken (2010) "Innovation, spillovers and university-industry collaboration: An extended knowledge production function approach," *Journal of Economic Geography* 10, pp.231-255.

Powell, Walter W. and Stine Grodal (2005) "Networks of Innovation," in Fagerberg, Jan and Richard R. Nelson eds, *The Oxford Handbook of Innovation*, New York: Oxford University Press, pp. 56-85.

Price, Derek J. (1963) *Little Science, Big Science,* New York: Columbia University Press.

Pronay, Szabolcs, Tamara Keszey, Norbert Buzas, Takayuki Sakai, Kensuke Inai (2020) "Performance of university technology transfer offices: Evidence from Europe and Japan," *International Journal of Productivity and Performance Management* 71(4) , pp.1343-1364.

Pyöriä, Pasi (2005) "The concept of knowledge work revisited," *Journal of Knowledge Management* 9 (3) , pp.116-127.

Reagans, Ray and Bill McEvily (2003) "Network structure and knowledge transfer: The effects of cohesion and range," *Administrative Science Quarterly* 48 (2) , pp.240-267.

Rham, Dianne, John Kirkland, and Barry Bozeman (2000) *University-industry R&D*

collaboration in the United States, the United Kingdom, and Japan, Dordrecht: Kluwer Academic Publishers.

Rost, Katjar (2011) "The strength of strong ties: The creation of innovation," *Research Policy* 40 (4) , pp.588-604.

Saltzman, Leonard (2021) "Physician consult network," *The American Journal of Medicine* 134 (1) , p. e1.

Sauermann, Henry and Paula E Stephan (2010) "Twins or strangers? Differences and similarities between industrial and academic science," *NBER Working Paper*, 16113.

Scellato, Giuseppe, Chiara Franzoni, and Paula Stephan (2012) "Mobile scientists and international networks," *NBER Working Paper* 18613.

Scellato, Giuseppe, Chiara Franzoni, and Paula Stephan (2015) " Migrant scientists and international networks," *Research Policy* 44 (1) , pp. 108-120.

Singh, Jasjit (2005) "Collaborative networks as determinants of knowledge diffusion patterns," *Management Science* 51 (5) , pp. 756-770.

Siegel, Donald S., David Waldman, and Albert Link (2003) "Assessing the impact of organizational practices on the relative productivity of university technology transfer offices: An exploratory study," *Research Policy*, 32 (1) ,pp. 27-48.

Siegel, Donald S, Reinhilde Veugelers, and Mike Wright (2007) "Technology transfer offices and commercialization of university intellectual property: Performance and policy implications," *Oxford Review of Economic Policy* 23 (4) , pp.640-660.

Siemsen, Enno, Aleda V. Roth, and Sridhar Balasubramanian (2008) "How motivation, opportunity, and ability drive knowledge sharing: The constraining-factor model," *Journal of Operations Management* 26 (3) , pp.426-445.

Stephan, Paula E. and Sharon G. Levin (1992) *Striking the Mother Lode in Science: The Importance of Age, Place, and Time*, New York: Oxford University Press.

213

Subramanian, Annapoornima M., Kwanghui Lim, and Pek-Hooi Soh (2013) "When birds of a feather don't flock together: Different scientists and the roles they play in biotech R&D alliances," *Research Policy* 42 (3), pp.595-612.

Sun, Peter YT. and John L. Scott (2009) "An investigation of barriers to knowledge transfer," *Journal of Knowledge Management* 9 (2), pp. 75-90.

Szulanski, Gabriel (1996) "Exploring internal stickiness: Impediments to the transfer of best practice within the firm," *Strategic Management Journal* 17 (Winter Special Issue), pp. 27-43.

Tartari, Valentina and Ammon Salter (2015) "The engagement gap: Exploring gender differences in university-industry collaboration activities," *Research Policy* 44 (6), pp.1176-1191.

Trippl, Michaela, Franz Tödtling, and Lukas Lengauer (2009) "Knowledge sourcing beyond buzz and pipelines: Evidence from the Viena software sector," *Economic Geography* 85 (4), pp.443-462.

van Rijnsoever, Frank J., Laurens K. Hessels, and Rens L.J. Vandeberg (2008) "A resource-based view on the interactions of university researchers," *Research Policy* 37 (8), pp.1255-1266.

Wagner, Caroline S. (2005) "Six case studies of international collaboration in science," *Scientometrics* 62 (1), pp.3-26.

Wagner, Caroline S. and Loet Leydesdorff (2005) "Network structure, self-organization, and the growth of international collaboration in science," *Research Policy* 34, pp. 1608-1618.

Wasko, Molly McLure and Samer Faraj (2005) "Why should I share? Examining social capital and knowledge contribution in electronic networks of practice," *MIS Quarterly Journal* 29 (1), pp. 35-57.

Wellings, Susan and Biddy Casselden (2019) "An exploration into the information-seeking behaviours of engineers and scientists," *Journal of Librarianship and Information Science* 51 (3) , pp. 789-800.

Wenger, Erienne, Richard McDermott, and William M. Snyder (2002) *Cultivating Communities of Practice*, Boston, MA: Harvard Business School Press. (野村恭彦監修、野中郁次郎　解説、櫻井祐子　訳 (2002)『コミュニティ・オブ・プラクティス―ナレッジ社会の新たな知識形態の実践』翔泳社).

Williams, Allan M. (2007) "International labour migration and tacit knowledge transactions: A multi-level perspective," *Global Networks* 7 (1) , pp.29-50.

Woehler, Meredith L., Kristin L. Cullen-Lester, Caitlin M. Porter, and Katherine A. Frear (2021) "Whether, how, and why networks influence men's and women's career success: Review and research agenda," *Journal of Management* 47 (1) , pp.207-236.

Zappa, Paola (2011) "The network structure of knowledge sharing among physicians," *Quality & Quantity* 45, pp. 1109-1126.

Zahra, Shaker A. and Gerard George (2002) "Absorptive capacity: A review, reconceptualization, and extension," *Academy of Management Review* 27 (2) , pp. 185-203.

Zhao, Ziyang and Jianfeng Cai (2017) "Individual differences, self-efficacy, and Chinese scientists' industry engagement," *Information*, 8 (4) , P.160.

Zuccala, Alesia (2006) "Modeling the invisible college," *Journal of the American Society for Information Science and Technology* 57 (2) , pp.152-168.

Zmuidzinaite, Ruta, Sandra Zalgevicient, and Lina Uziene (2021) "Factors influencing the performance of technology transfer offices: The case of the European consortium of innovative universities," *Inžinerinė Ekonomika-Engineering Economics* 32 (3) , pp.221-233.

＜邦文文献＞

秋山美紀 (2008) 『地域医療におけるコミュニケーションと情報技術―医療現場エンパワーメントの視点から』慶應義塾大学出版会

猪飼周平 (2000) 「日本における医師のキャリア―医局制度における日本の医師卒後教育の構造分析」『季刊・社会保障研究』36 (2) , pp.342-351.

岩田拓真・寺澤廣一・長谷川克也・影山和郎 (2010) 「産学連携共同研究の創出過程の分析」『研究 技術 計画』25 巻 3/4 号, pp.263-269.

上山隆大 (2010) 『アカデミックキャピタリズムを超えて―アメリカの大学と科学研究の現在』NTT 出版

遠藤久夫 (2012) 「医師の労働市場における需給調整メカニズム―卒後研修（臨床研修制度と専門医制度）に注目して」『日本労働研究雑誌』No.618, pp.69-80.

太田肇 (1993) 『プロフェッショナルと組織―組織と個人の「間接的統合」』同文館

厚生労働省 (2018) 『平成 30 年版　労働経済の分析』

厚生労働省 (2020) 『医師臨床研修指導ガイドライン―2020 年度版―』 https://www.mhlw.go.jp/content/10800000/ishirinsyokensyu_guideline_2020.pdf （2023 年 2 月 26 日閲覧）

科学技術政策研究所・日本総合研究所 (2005) 『科学技術人材の活動実態に関する日米比較分析―博士号取得者のキャリアパス』NISTEP Report No.118.

金澤良弘 (2010) 「研究者との連携による技術移転の推進」『研究 技術 計画』 25 巻 3/4 号, pp.263-269.

川端勇樹・妹尾大 (2009) 「医療連携の成立におけるコミュニケーション機能の分析―コミュニケーションへのマネジメントを効果的・効率的にする診断方法の提案」『民族衛生』75 (5) , pp.155-166.

吉良伸一郎 (2008)「病院同士が医師を相互派遣」『Nikkei Medical』12 月号,
pp. 28–30.

小林　淑恵 (2015)「若手研究者の任期制雇用の現状」『日本労働研究雑誌』
No.660, pp. 27–40.

高田朝子・横田絵里 (2010)「キャリア継続に繋がるネットワーク形成—女性
医師についての調査からの一考察」『経営行動科学』第 23 巻第 1 号,
pp.15–26.

内閣府 (2016)『特定国立研究開発法人による研究開発等を促進するための基
本的な方針（平成 28 年 6 月 28 日閣議決定)』.

長岡貞男・細野光章・赤池伸一・西村淳一 (2013)『産学連携による知識創
出とイノベーションの研究—産学の共同発明者への大規模調査からの基礎
的知見』科学技術政策研究所　調査資料 221.

西村健 (2018)『プロフェッショナル労働市場 – スキル形成・賃金・転職の実
態分析』ミネルヴァ書房.

日本労働研究・研修機構 (2012)『勤務医の就労実態と意識に関する調査』
JILPT 調査シリーズ No.102.

野中郁次郎・紺野登 (2003)『知識創造の方法論—ナレッジワーカーの作法』
東洋経済新報社.

野村恭彦 (2002)「知識社会の新たな組織形態」（野村恭彦　監修、野中郁次郎
解説、櫻井祐子　訳 (2002)『コミュニティ・オブ・プラクティス—ナレッ
ジ社会の新たな知識形態の実践』翔泳社、監訳者序文）.

橋本信也 (2007)「医師の生涯教育の現状 と今後の課題」『医学教育』39 (1)，
pp29-35.

馬場靖憲・後藤晃 (2007)『産学連携の実証研究』東京大学出版会.

堀本多喜子 (2011)『医師が転職を考える時』日本医療企画.

水月昭道 (2010)『ホームレス博士―派遣村・ブラック企業化する大学院』光文社新書.

松本雄一 (2013) 「実践共同体における学習と熟達化」『日本労働研究雑誌』No.639, pp. 15-26.

三森八重子 (2010) 「国立大学法人における産学連携活動の成功要因の質的・量的分析」『研究 技術 計画』35 巻 3/4 号, pp.242-262.

宮本大 (2019) 「研究開発者の情報交換ネットワークの効果と形成要因」（村上由紀子編著『グローバル研究開発人材の育成とマネジメント―知識移転とイノベーションの分析』、中央経済社、第 5 章）.

三輪卓己 (2011) 『知識労働者のキャリア発達―キャリア志向・自律的学習・組織間移動』中央経済社.

村上由紀子 (2015)『人材の国際移動とイノベーション』NTT 出版.

村上由紀子 (2019) 「グローバル研究開発人材の育成とマネジメント」（ 村上由紀子編著『グローバル研究開発人材の育成とマネジメント – 知識移転とイノベーションの分析』、中央経済社、 第 9 章）.

村上由紀子 (2020)「研究者の国際移動の知識交換ネットワークへの影響」『研究 技術 計画』35 (3) , pp.357 – 371.

文部科学省 (2019) 『令和元年版科学技術白書：基礎研究による知の蓄積と展開〜我が国の研究力向上を目指して〜』日経印刷株式会社.

文部科学省 (2022) 『令和 4 年版 科学技術イノベーション白書 – 我が国の研究力〜科学技術立国の実現』日経印刷株式会社.

吉田あつし (2010) 「医師のキャリア形成と医師不足」『日本労働研究雑誌』No.594, pp. 28-41.

渡部愛 (2021) 「ICT を利用した全国地域医療情報連携ネットワークの概況（2018 年度版）」日医総研ワーキングペーパー, No.442.

著者紹介

村上由紀子（むらかみゆきこ）

早稲田大学政治経済学術院教授。博士（経済学）。

大阪外国語大学（現、大阪大学外国語学部）専任講師、

カリフォルニア大学バークレイ校、オックスフォード大学、

マサチューセッツ工科大学、マックスプランク研究所、

アーヘン工科大学で客員研究員を務める。

主な単著に、

『人材の国際移動とイノベーション』（NTT 出版株式会社、2015 年）、

『頭脳はどこに向かうのか』（日本経済新聞社、2010 年）、

『技術者の転職と労働市場』（白桃書房、2003 年）がある。

ナレッジワーカーの知識交換ネットワーク

2023 年 11 月 30 日　第 1 刷　発行

発行所：合同会社飛翔舎　https://www.hishosha.com
　　　　住所：東京都台東区池之端 1-1-2-702
　　　　電話：03-6240-1448　FAX：03-6240-1457
　　　　E-mail：info@hishosha.com

編集協力：小林信雄、吉本由紀子
組版：井戸結美子
印刷製本：株式会社シナノパブリッシングプレス

©2023 printed in Japan
ISBN:978-4-910879-10-9　C3033

飛翔舎の本

〰〰〰〰〰〰〰〰〰〰〰〰〰〰〰〰〰〰〰〰〰〰〰〰〰〰〰〰〰〰〰〰〰〰

高校数学から優しく橋渡しする ―理工数学シリーズ―

「統計力学　基礎編」　　　　　　　　　　　　　　　A5 判 220 頁　　　2000 円
　村上雅人・飯田和昌・小林忍
　統計力学の基礎を分かりやすく解説。目からうろこのシリーズの第一弾。

「統計力学　応用編」　　　　　　　　　　　　　　　A5 判 210 頁　　　2000 円
　村上雅人・飯田和昌・小林忍
　統計力学がどのように応用されるかを解説。現代物理の礎となった学問が理解できる。

「回帰分析」　　　　　　　　　　　　　　　　　　　A5 判 288 頁　　　2000 円
　村上雅人・井上和朗・小林忍
　データサイエンスの基礎である統計検定と AI の基礎である回帰が学べる。

高校の探究学習に適した本 ―村上ゼミシリーズ―

「低炭素社会を問う」　村上雅人・小林忍　　　　　四六判 320 頁　　　1800 円
　多くのひとが語らない二酸化炭素による温暖化機構を物理の知識をもとに解説

「エネルギー問題を斬る」　村上雅人・小林忍　　　四六判 330 頁　　　1800 円
　エネルギー問題の本質を理解できる本

「SDGs を吟味する」　村上雅人・小林忍　　　　　四六判 378 頁　　　1800 円
　世界の動向も踏まえて SDGs の本質を理解できる本

大学を支える教職員にエールを送る ―ウニベルシタス研究所叢書―

「大学をいかに経営するか」　村上雅人　　　　　　四六判 214 頁　　　1500 円

「プロフェッショナル職員への道しるべ」大工原孝　四六判 172 頁　　　1500 円

「粗にして野だが」　山村昌次　　　　　　　　　　四六判 182 頁　　　1500 円

「教職協働はなぜ必要か」　吉川倫子　　　　　　　四六判 170 頁　　　1500 円

最新刊

「ナレッジワーカーの知識交換ネットワーク」　A5 判 220 頁　　　3000 円
　村上由紀子
　高度な専門知識をもつ研究者と医師の知識交換ネットワークに関する日本発の精緻な
　実証分析を収録

〰〰〰〰〰〰〰〰〰〰〰〰〰〰〰〰〰〰〰〰〰〰〰〰〰〰〰〰〰〰〰〰〰〰

　　　　　　　　　　　　　　　　　　　　　　　　価格は、本体価格